# DESVIACIÓN DIVINA

*El camino que jamás escogerías puede llevarte
a la fe que siempre has querido*

## LORI ANN WOOD

COLBY, KANSAS, USA

DESVIACIÓN DIVINA
Copyright © 2025 Lori Ann Wood
© de la traducción al español 2025 Kimberly Faith Solis, Kirasol Cultural Connections, LLC
Paperback ISBN: 978-1-936501-94-6

Todos los derechos reservados. Ninguna parte de esta publicación puede ser reproducida ni transmitida de ninguna forma ni por ningún medio, ya sea electrónico, mecánico, fotocopiado, grabado o de otro tipo, sin el permiso escrito del editor. Publicado por CrossRiver Media Group, PO Box 23, Colby, KS 67701. Crossrivermedia.com

Las citas bíblicas marcadas (NVI) son tomadas de la Santa Biblia, Nueva Versión Internacional®, NIV®. Copyright © 1973, 1978, 1984, 2011 por Biblica, Inc.™ Usado con permiso de Zondervan. Todos los derechos reservados mundialmente. www.zondervan.com Las siglas «NIV» y «New International Version» son marcas registradas en la Oficina de Patentes y Marcas de los Estados Unidos por Biblica, Inc.™

Las citas bíblicas marcadas (NVI) son tomadas de la Santa Biblia, Nueva Versión Internacional®, NVI®. Copyright © 1999, 2000, 2001, 2005 por Biblica, Inc.™ Usado con permiso de Zondervan. Todos los derechos reservados mundialmente. www.zondervan.com Las siglas «NVI» y «Nueva Versión Internacional» son marcas registradas en la Oficina de Patentes y Marcas de los Estados Unidos por Biblica, Inc.™

Las citas bíblicas marcadas (RV60) son tomadas de la Santa Biblia, Reina-Valera 1960, Copyright © 1960 por Sociedad Bíblica Internacional. Usado con permiso. Todos los derechos reservados mundialmente.

Las citas bíblicas marcadas (NBLA) son tomadas de la Santa Biblia, Nueva Biblia de las Américas®, Copyright © 2015 por La Fundación Casa de la Biblia. Usado con permiso. Todos los derechos reservados.

Las citas bíblicas marcadas (LBLA) son tomadas de la Santa Biblia, La Biblia de las Américas®, Copyright © 1986, 1997 por La Fundación Casa de la Biblia. Usado con permiso. Todos los derechos reservados.

Las citas bíblicas marcadas (PDT) son tomadas de la Santa Biblia, La Palabra de Dios para Todos®, Copyright © 2004 por Editorial Unilit. Usado con permiso. Todos los derechos reservados.

Las citas bíblicas marcadas (TLA) son tomadas de la Santa Biblia, Traducción en Lenguaje Actual®, Copyright © 1999 por Sociedad Bíblica Internacional. Usado con permiso. Todos los derechos reservados.

Las citas bíblicas marcadas (NTV) son tomadas de la Santa Biblia, Nueva Traducción Viviente®, Copyright © 2015 por Tyndale House Publishers, Inc. Usado con permiso. Todos los derechos reservados. www.tyndale.com Las siglas «NTV» y «Nueva Traducción Viviente» son marcas registradas por Tyndale House Publishers, Inc.™

Para más información sobre Lori Ann Wood, por favor visite su sitio web, LoriAnnWood.com.

Editora: Debra L. Butterfield
Diseñadora de portada: Tamara Clymer
Fotografía de portada: Foto 217824013 © Konstanttin | Dreamstime.com
Traducción al español realizada por Kimberly Faith Solis

Impreso en los Estados Unidos de América.

Lori Ann Wood utiliza su propia historia médica milagrosa para escribir un libro hermoso, el cual nos enseña cómo tomar el duelo con gratitud para convertirlo en gracia. En Desviación divina, Lori Ann Wood ingeniosamente teje historias caprichosas de su niñez con anotaciones dramáticas de su diario cardíaco y con teología cristiana para ofrecer al lector lecciones duraderas de fe. Lea usted este libro como una travesía de 40 días o de un tirón (de cualquier forma, volverás a él vez tras vez por su ingenio y sabiduría). Hay lecciones pequeñas en todas partes y esperanza para todos.

— Kathy Izard, autora de
*The Hundred Story Home* y *The Last Ordinary Hour*

He trabajado con muchos escritores prometedores a través de los años quienes han logrado grandes proezas, pero pocos han sido tan talentosos, trabajadores, o se han ganado el cariño de tantos como lo ha hecho Lori Ann Wood. Ella escribe con una autenticidad que simplemente no se puede enseñar, y su obra se puntúa con cambios de frases inquietantes con el poder de sacudirte los dientes. No puedo esperar a tener Desviación divina en mis manos y recomendarlo a la mucha, mucha gente que conozco que necesita de su mensaje.

— Jonathan Merritt, escritor contribuyente para T*he Atlantic*
y autor de *Learning to Speak God from Scratch*

Lori Ann Wood valientemente comparte su experiencia con vulnerabilidad y gracia. Camina con osadía hacia lo desconocido y, en el proceso, nos enseña a hacer lo mismo. Esto es un regalo para cualquier persona luchando con incertidumbre, problemas de salud, o que está tratando de encontrar un punto de apoyo en el mundo.

— Margaret Feinberg, autora de *More Power to You*

Por medio de una serie de 40 ensayos profundamente personales, Lori Ann Wood nos muestra que las dudas y las luchas no necesariamente debilitan nuestra fe, sino que pueden fortalecerla. Este libro ofrece ánimo fuerte para los que están experimentando desafíos difíciles en su vida y fe.

— Brian Allain, fundador de *Writing for Your Life,*
*Publishing in Color, How to Heal Our Divides,* y *Compassionate Christianity*

Cuando tenemos preguntas difíciles, solo queremos respuestas. Pero, lo que realmente necesitamos saber es que no estamos solos, que Dios es bueno pase lo que pase, y que nuestra historia todavía no se ha terminado. Lori Ann Wood es una sabia amiga y compañera de viaje quien caminará contigo hacia estas verdades y cuyas palabras te darán esperanza de nuevo, sin importar en qué parte de tu viaje te encuentres en este momento.

— Holley Gerth, autora bestseller del *Wall Street Journal*
de *What Your Mind Needs for Anxious Moments*

Mi experiencia con Lori empezó cuando ella era una joven, con el cuidado médico rutinario y el nacimiento de sus hijos. Era una madre firme, amorosa y confiable quien raramente parecía inquieta o frustrada. Mi comprensión verdadera de Lori, sin embargo, se creó más tarde cuando desarrolló una condición crónica debilitadora que requirió una gran fuerza y confianza mental y espiritual. Este libro revela el don de escribir, la confianza tranquila en la fe, y la resignación callada de sus propias limitaciones. También provee la estructura que ha permitido crecer su fe junto con las luchas de la vida. Ella logra tejer sus desafíos y sus creencias en la literatura, proveyendo refugio y confort de Dios. El leer su libro es una recarga para una fe pura y tranquila.

— Gary A. Neaville, doctor en medicina, medicina familiar/OB

Guardado entre estas páginas se encuentra una exploración de tres preguntas muy importantes que todos nos hacemos cuando nuestras vidas se interrumpen por un evento no deseado, o cuando las cosas suceden de la forma opuesta a la que esperamos. Me encantó la profundidad de ánimo, esperanza, y palabras encontradas en el libro de Lori, Desviación divina.

— Suzanne (Suzie) Eller, autora bestseller de doce libros, co-host del podcast *More Than Small Talk*, y host del podcast *Prayer Starters*

El desierto no es solo un tipo de topografía, es también un tipo de experiencia caracterizada por adversidad, desorientación, e incertidumbre. En Desviación divina, Lori Ann Wood nos guía a través del desierto de la fe como una viajera experimentada. Parecida a la vida de José cuando tomó una desviación no deseada y no esperada a Egipto removiendo todos los sistemas familiares de apoyo, territorio familiar y rutina diaria, Lori Ann cuenta de una forma transparente sus sentimientos de abandono, decepción, duelo, vulnerabilidad y temor mientras camina con una enfermedad potencialmente fatal que hizo surgir preguntas primordiales de existencia y significado en el rincón más recóndito de su corazón.

En cuarenta ensayos usando historias cautivadoras, reflexiones teológicas, y anotaciones de su diario que capturan momentos significativos en su encuentro con la impermanencia, Lori Ann eficaz y pastoralmente nos acompaña en nuestra propia experiencia en el desierto mientras hacemos las preguntas recurrentes de incertidumbre y temor que acompañan nuestra humanidad. Desviación divina es como un compañero que nos alienta a hacernos esas preguntas de vida vitales que todos cargamos silenciosa, temerosa e innecesariamente solos.

— Ross Cochran, Ph.D., profesor de teología práctica y autor de *Not Off Limits: Questions You Wish You Could Ask at Church*

En Desviación divina, Lori Ann Wood expresa con claridad las emociones honestas de alguien en un viaje de salud no solicitado ni deseado. En lugar de hundirse en su disfunción cardiaca potencialmente fatal, Lori eligió utilizarlo para crecer espiritualmente. El resultado es este libro, escrito para compañeros de viaje cuyas vidas han sido alteradas por Dios. Yo fui uno de ellos, al recibir un diagnóstico de cáncer hace diez años, entonces conozco el trato trillado y las respuestas triviales cuando los veo. Este libro no contiene nada de ello. Hay carne en estos huesos. Los lectores se identificarán con las historias de Lori, crecerán por sus observaciones, y se animarán a confiar en Dios en medio de sus propias desviaciones.

— Sherri Langton, editora asociada, *Bible Advocate Magazine*

Cuando conocí a Lori Ann por primera vez, me impresionaron su gracia, su gentileza y su belleza intemporal. No tenía idea de que guardaba un secreto en su interior que, en ese entonces, había cambiado su vida para siempre. A medida que la fui conociendo, mi admiración por ella creció aún más. ¿Cómo puede manejar todo con tanta entereza y sin aparente esfuerzo? Pero la verdad sobre Lori Ann es que esa fuerza perdurable no proviene de ella misma, sino de su Salvador. Desviación divina no es un relato sobre lo increíble que ella es (aunque también lo es), sino sobre lo asombroso que es Dios. Lori Ann se orienta según la verdad de la Palabra y el amor de Cristo. Aquí no hay autocompasión, solo humildad, gozo y una paz palpable. Aunque no estoy recorriendo el mismo camino de vida que Lori Ann, anhelo seguirla a medida que ella sigue a Jesús. Su corazón y este hermoso libro están llenos de gracia, gentileza y una belleza eterna.

— Hannah C. Hall, autora de *Thirsty: 12 Weeks of Drinking Deeply from God's Word*

Desviación Divina es más que un libro acerca de un diagnóstico devastador y la lucha diaria que resulta. También es más que un libro acerca de la fe. Desviación divina es un testimonio de la bondad de Dios, un Dios que nos invita a hacerle preguntas difíciles en los lugares difíciles, para encontrarle en las respuestas. Lori Ann Wood comparte la sabiduría que descubrió con una voz dulce y auténtica que te acerca y te hace sentir menos sola. Sus palabras suaves reconfortarán y fortalecerán tu alma cansada mientras viajas por tu propia desviación en la vida. Ven a descubrir la armonía de gratitud y duelo, la belleza de un amor *hesed* (una de mis palabras favoritas), y la incompatibilidad del remordimiento y la gracia. Leer este libro será una travesía de cuarenta días, tal vez desviándote de otros libros que estás leyendo, que valdrá la pena.

— Andy Lee, autora de *Radiant Influence: How an Ordinary Girl Changed the World* y *A Mary Like Me: Flawed Yet Called*

Como parte de su equipo médico, sabía que Lori era valiente y tenía una fe profunda, pero este libro me deslumbró. La bondad triunfadora y fidelidad inquebrantable de Dios están en exhibición completa mientras ella camina por su diagnóstico difícil y la incertidumbre de la vida. Recomiendo esto a todos los que, como yo, luchan con la duda, la preocupación, y el control.

— Heather Rothrock Heltemes, APRN-CNP, Cardiología

Lori Ann Wood es una escritora muy específica; tiene una manera única y hermosa de explorar las preguntas difíciles con las que luchan la mayoría de los creyentes mientras los invita con compasión a viajar con ella para descubrir la verdad del carácter de Dios. El caminar por su propia experiencia devastadora le ha dado una fe concreta – solidificada en el fuego de las circunstancias más difíciles de la vida – convirtiéndola en alguien con quien el lector puede identificarse. Si quieres crecer en tu fe, encontrar a Dios en medio de tus pruebas más oscuras, y enamorarte más profundamente de tu Salvador, Desviación divina debe estar en tu lista de lectura.

— Sandi Warner, jefa de redacción de *The Joyful Life Magazine*

Lori Ann tiene una manera maravillosa de introducirte en una historia personal cautivadora, de hacerse tu amiga en adversidad común, y de invitarte generosamente a compartir en la abundancia de los descubrimientos que consiguió con mucho esfuerzo. Esta colección de ensayos accesibles y ricos en la Escritura ayudaron suavemente a mover la perspectiva de mis propias desviaciones divinas para contemplarlas más apropiadamente como son (y como no son). Somos personas con sed de respuestas, pero Lori Ann resalta la hermosa yuxtaposición al celebrar la valentía de cuestionar. Porque es en el terreno irregular y desierto de la dificultad, donde las soluciones son más difíciles de descifrar; es una postura desesperada e inquisidora que mejor fortalece a una fe tambaleante. El desierto íntimo de salud que ella ha atravesado para desenterrar estas revelaciones para nuestro mutuo enriquecimiento es, sencillamente, extraordinario.

— Tiffany Edmonds, directora editorial de *The Joyful Life Magazine*

Lori Ann Wood ha derramado su corazón en estas páginas al compartir su travesía trágica con honestidad transparente. Si estás luchando con cualquier tipo de decepción o desilusión en tu vida, ¡entonces Desviación divina será una guía bienvenida para tu alma! Lori Ann es una cuentista cautivadora con la cual uno puede identificarse y quien habla de la profundidad de las Escrituras y de sus propios sufrimientos. Ella lucha con las preguntas dolorosas que todos hacemos y nos ayuda a salir del otro lado con una fe y esperanza más fuertes – y con una relación más profunda con Dios. Este libro es un gran compañero para cualquier persona que está cuestionando su fe y la bondad de Dios. Cada página te traerá esperanza y te guiará al Dios que tiene tu vida en Sus manos.

— Shelly Esser, editora de *Just Between Us Magazine*

Nadie disfruta oír la palabra insuficiencia en relación con nuestra salud física o espiritual. Sin embargo, más de seis millones de personas en los Estados Unidos experimentan insuficiencia cardiaca – el órgano mayor de bombeo necesario para sostener la vida. A pesar de los factores que contribuyen, las personas que viven con Insuficiencia Cardiaca (IC) luchan con culpabilidad, pérdida de la calidad de vida como era antes, y el sube y baja de mejora en la función cardiaca (esperanza) contra el empeoramiento (desesperanza) con cada prueba diagnóstica y cada encuentro médico.

Muchos cristianos cuestionan el amor, la gracia, y la misericordia de Dios. Lori Ann entiende esto. Ella cuestionó a Dios también.

Esta colección de ensayos provee al lector con una autorreflexión transparente y brutalmente honesta de parte de una mujer cristiana segura en su fe, carrera, y propósito. El tomar una desviación por caminos no familiares desencadena ansiedad, temor, y pérdida de control. ¿Cómo puede un cristiano dudar del amor y propósito de Dios? Las preguntas vuelan y Lori es lo suficientemente valiente para dar voz a lo innombrable, para entregar la angustia a Dios, para buscar Su respuesta, y para generosamente compartir las respuestas para dar confort a los demás.

Cuando uno reconoce una desviación en la vida como divina, sucede un cambio. El propósito, la gracia, y el amor que Dios tiene para Lori se manifiesta en el regalo de la insuficiencia cardíaca. Dios tomó una condición física y creó una autora sensible y amorosa, dispuesta a cambiar su rumbo para tocar las vidas de muchos.

Efesios 2:10 (RV60) «Porque somos hechura suya, creados en Cristo Jesús para buenas obras, las cuales Dios preparó de antemano para que anduviésemos en ellas.»

— Donna D. Kincheloe, DNP, RN, CHFN, CMSRN, enfermera certificada en insuficiencia cardiaca y autora de *I Never Walk the Halls Alone*

Lori Ann fue la paciente más enferma que un cardiólogo veterano había visto. Sus posibilidades de sobrevivir eran escasas, sin embargo, sí sobrevivió. Ella es esa alma rara que tomó lo peor que la vida pueda dar y perseveró en medio de ello, y parece que hizo aún más que eso. Ella escribió Desviación divina: El camino que jamás escogerías puede llevarte a la fe que siempre has querido, y generosamente nos muestra a ti y a mí cómo nosotros también podemos superar las pruebas difíciles de la vida. Estos cuarenta ensayos te ayudarán a renovar tu fe y te darán el valor que necesitas para seguir adelante pase lo que pase.

— Chad R. Allen, publicador profesional y fundador de *BookCamp*

Al llevarnos por sus momentos más conmovedores en Desviación divina, Lori Ann Wood comparte los eventos de vida que a veces son dulces y otras veces son devastadores y los teje habilidosamente en un diálogo entre ella y Dios acerca del propósito, el significado y la fe. Como una WomenHeart Champion, el deseo que Lori tiene para compartir su travesía con nosotros es todavía una expresión más del compromiso que tiene para usar sus experiencias de vida para caminar con los demás en sus propios viajes de la angustia y el diagnóstico a la aceptación y la acción. La desviación divina de Lori es una invitación no solo para las mujeres con enfermedades del corazón, sino para toda persona, a apoyarse en su fe, a examinarla, cuestionarla y ponerla a prueba al enfrentar las desviaciones inesperadas e indeseadas en la vida. Disfrutarás los cuarenta ensayos hermosos de Lori que se combinan para formar un mosaico glorioso de inspiración, aceptación, y amor.

— Celina E. Gorre, directora ejecutiva de WomenHeart

Para la familia que me hizo:

Para mis padres quienes me presentaron
la fe, la gracia y la resiliencia.
Para mis hermanos quienes compartieron mis historias.
Para mis hijos y mi nieta,
quienes dieron urgencia y propósito a mi escritura.

Sobre todo, para mi esposo quien, aun cuando estábamos
viviendo la historia que no queríamos, siempre creyó que
Dios tenía algo planeado.

# Contents

Prólogo ............................................................. 13
Introducción ..................................................... 17
Una cuestión de preocupación ........................... 25

Día 1 - Una temporada de tristeza y gratitud ............ 27
Día 2 - Finales Suaves ................................................ 33
Día 3 - ¿Hogar o Él? ................................................... 37
Día 4 - Hundiéndome en el lodo ............................... 41
Día 5 - Aprendiendo a lamentar ................................ 47
Día 6 - La presencia de la ausencia ........................... 53
Día 7 - Culpa del sobreviviente .................................. 57
Día 8 - Esperando la gloria ........................................ 61
Día 9 - La fe del cuarto de servicio ............................ 65
Día 10 - Agarrar sin apretar ....................................... 71
Día 11 - Anticipar días buenos y malos ..................... 77
Día 12 - El tamaño de la pérdida ............................... 83
Día 13 - Lo que dura para siempre ............................ 87

Una cuestión de duda ........................................ 93

Día 14 - Sobrevivir un colapso ................................... 95
Día 15 - El padre de un hijo pródigo ........................ 101
Día 16 - Cómo se ve el amor .................................... 107

Día 17 - Ajustando el tamaño de fuente ...... 113
Día 18 - Asuntos mundanos ...... 117
Día 19 - Mosquitos, marcianos, y un Dios confiable ...... 123
Día 20 - Los dos lados del agua ...... 129
Día 21 - Un lapso de fe ...... 133
Día 22 - El síndrome de lo reciente ...... 139
Día 23 - Años de langostas ...... 143
Día 24 - Languidecer y palabras prestadas ...... 149
Día 25 - En la sombra del tocón ...... 155
Día 26 - Encontrando respuestas en oraciones no contestadas. 161

**Una cuestión de control ...... 167**

Día 27 - Una mejor memoria ...... 169
Día 28 - Aceptando renunciar ...... 175
Día 29 - Cuando Dios nos decepciona ...... 181
Día 30 - Confiar lo suficiente para rendirse ...... 187
Día 31 - Sentada en el autobús ...... 193
Día 32 - Lo que no esperamos ...... 197
Día 33 - Mientras tanto ...... 203
Día 34 - Gozo a media carrera ...... 209
Día 35 - Cometiendo Errores ...... 215
Día 36 - Criada bajo la luz del porche ...... 221
Día 37 - Conquistando las escaleras ...... 227
Día 38 - Cuando se cierran las puertas ...... 233
Día 39 - Una Extensión desesperada ...... 241
Día 40 - Un encargo: seguir cuestionando ...... 247

**Agradecimientos ...... 251**
**Acerca de la autora ...... 253**

# Prólogo

Lori Wood vino a mi clínica hace siete años por primera vez con su esposo quien la empujaba en una silla de ruedas. Cuando la conocí, tuve el presentimiento de que no iba a sobrevivir, a pesar de todos mis años de experiencia como un cardiólogo especialista en insuficiencia cardiaca y trasplantes.

Ella era débil, estaba perdiendo masa muscular, y tenía un corazón grande y estirado con una fuerza de sólo seis por ciento. La mayoría de los medicamentos para la insuficiencia cardiaca disminuyen la presión arterial. La presión arterial de Lori ya estaba extremadamente baja, aun con la dosis mínima que tomaba, haciéndome cuestionar cómo podría aumentar los medicamentos lo suficientemente como para hacer cualquier diferencia. Tenía unas cuantas opciones en mente: podía llevarla al quirófano para darle un corazón mecánico, podía colocarla en la lista de espera para un trasplante de corazón o podía continuar con los medicamentos. Después de examinarla, sabía que la producción de su corazón de alguna forma era adecuada porque sus manos permanecían calientes. También sabía que, aunque podía utilizar opciones avanzadas para el cuidado de la insuficiencia cardiaca, había una leve posibilidad de que su corazón pudiera fortalecerse y que su pronóstico pudiera mejorar aún más si dependía solamente de la terapia médica. ¿Era realista dado el tamaño enorme de su corazón? Debía tomar una decisión imposible. Inseguro de que la recuperación fuera en verdad posible, les pedí si pudieran volver a Ohio debido a que vivían en Arkansas y mi consultorio estaba en la Cleveland Clinic. La respuesta fue sí, y comenzamos un largo viaje juntos.

A través de los años que he tratado a Lori, me ha atraído la determinación con la que enfrenta cada camino oscuro y desconocido que se le presenta. Siempre ha seguido adelante, a donde sea que la lleve el camino. El pronóstico médico no podía competir con su voluntad de enfrentar los problemas abrumadores cara a cara. El enfrentar las preguntas parecía empoderarla e incluso fortalecerla.

Esta es la historia de una mujer valiente, un esposo amoroso, y la asombrosa cooperación y confianza entre su equipo médico local y su servidor. Pero también es la historia de una dirección innegable. Todavía no estoy segura de cómo nos conocimos todos, algunos podrían sospechar que fue casualidad o tal vez que de alguna forma supieron que el enfoque de mis investigaciones era sobre la insuficiencia cardiaca en mujeres. En muchos momentos, la historia podía haber tomado un camino muy diferente. El diagnóstico de Lori se estableció después de múltiples visitas a instalaciones médicas por falta de respiración y tratamientos fallidos de infección con antibióticos. Cuando por fin acudió a urgencias, presentaba insuficiencia cardiaca severa con insuficiencia respiratoria y renal. Una vez ingresada en el hospital local, le dieron apoyo inotrópico que salvó su vida. Este tratamiento causó un evento de taquicardia ventricular de 35 latidos que fácilmente pudo haber sido mortal. La dieron de alta con un chaleco desfibrilador capaz de darle descargas eléctricas al corazón desde fuera de su cuerpo. Unos días después, Lori y su esposo viajaron en avión a mi oficina por primera vez. El vuelo se demoró y casi se canceló porque Lori se desmayó después de abordar. Los paramédicos la trataron en la pista y le advirtieron que no volara. La riesgosa decisión de continuar a la Cleveland Clinic fue tomada por su equipo médico porque, de lo contrario, sus opciones y posibilidades serían muy limitadas.

Cada tres meses, Lori viajaba a Cleveland y entre visitas recibía un cuidado excelente de parte de su cardiólogo local, el Dr. Christopher

# DESVIACIÓN DIVINA

Simpson, quien gradualmente aumentó los medicamentos de acuerdo a mis recomendaciones. En retrospectiva, el doctor Simpson fue increíblemente valiente porque la presión arterial de Lori permanecía muy baja. Con el tiempo y la terapia, la función cardiaca aumentó de 6 a 16 por ciento, pero no mejoró más hasta que le implantaron un marcapasos biventricular en el 2016 debido a un bloqueo de rama izquierda. Su corazón se fortaleció y su tamaño disminuyó significativamente.

Las visitas a Cleveland se volvieron menos frecuentes y nuestro enfoque cambió. Lori quiso ser una defensora para otras mujeres con enfermedades cardiacas. Ella me pidió que le escribiera una carta de recomendación para ser parte de WomenHeart, un grupo de defensa que provee apoyo emocional, educación, y representación en Capitol Hill. Qué curioso que las dos habíamos formado parte del mismo grupo para el mismo propósito con unos pocos años de diferencia. Yo me uní al comité científico asesor para WomenHeart cuando estaban preparando un informe del congreso, *Las diez preguntas más importantes para mujeres con enfermedad cardiaca*. Independientemente, Lori reconoció el valor de WomenHeart y ahora es una "Campeona" entrenada para asistir a otras mujeres con enfermedad cardiaca.

Hemos grabado podcasts juntas y hemos desarrollado una relación tan cercana que se ha convertido en una gran amistad. He visto con mis propios ojos como Lori ha enfrentado un diagnóstico difícil y días muy oscuros. En medio de todo, sabía que ella era una persona de fe. Para mí es un honor presentarles a esta mujer maravillosa. Por siete años he querido saber, aparte de una intervención médica de primer nivel, que es lo que le hace seguir adelante. Ahora lo sé, y fiel a su espíritu, ella quiere ayudarte en tu camino desconocido también.

El libro que tienes en tus manos es un testimonio de la voluntad y fe de mi paciente y amiga. Es la culminación de muchos años de tratamiento y preguntas. Es un regalo de Lori, de su corazón al tuyo.

Eileen Hsich, MD
Directora Médica de Trasplantes de Corazón
Cleveland Clinic

# Introducción

Cada vida experimenta un momento cuando la historia se quiebra en dos piezas: pretragedia y postragedia, cuando de repente se genera un antes y un después. Cuando un viaje planeado con cuidado toma una desviación decidida. Esta es la mía.

· · · · ·

«Si tenemos suerte, es neumonía».

Las palabras habladas por nuestro querido médico familiar llenaron el consultorio como una neblina densa. Quitándose el estetoscopio de los oídos, nos llevó por el pasillo largo al laboratorio de rayos X.

Después de una semana con lo que pensaba que era influenza, finalmente hice una cita con mi doctor de cabecera. Mi esposo me acompañaba. Era el Black Friday (el día después del Día de Acción de Gracias) y en lugar de irse de compras con nuestras hijas, decidió llevarme. Esperábamos algo rápido y rutinario, en el peor de los casos tal vez una inyección de esteroides. Habíamos apostado sobre qué tan pronto regresaríamos a casa: ¿perdería yo la oportunidad de todas las ofertas asombrosas?

No regresaría a casa por más de dos semanas, y sería otra persona cuando por fin entrara por aquella puerta. Estaba herida, pero al borde de comprender la fe en una manera que probablemente jamás hubiera experimentado fuera de la tragedia que se desarrollaba. Crucé el umbral familiar desilusionada y temerosa, rogando por las respuestas a las grandes preguntas de vida de preocupación, duda, y control.

Mi doctor luego describiría aquel día en su consultorio como el peor día de su carrera profesional. No podía creer que lo había ignorado por tantos años. Honestamente, los síntomas sutiles no me alarmaban, y nunca le comenté de la falta de respiración, fatiga, o inhabilidad de hacer ejercicio. Atribuía los síntomas al «envejecimiento», y la «falta de condición física» en comparación a mi esposo quien corría maratones. Por lo tanto, mi doctor jamás supo de las señales de advertencia.

Este doctor era más como un viejo amigo o miembro de la familia a quien solo veía unas pocas veces al año. Él había quemado un lunar precanceroso en mi espalda, me había recetado antibióticos por faringitis estreptocócica, y me atendió en mis partos. Él conoció y recordó las historias de salud de mis padres, aunque nunca los conoció en persona. Simplemente le encantaba cuidar a la gente.

Por eso le cayó tan pesado cuando la radiografía de tórax mostró algo diferente. Algo mucho peor. Me diagnosticaron con cardiomiopatía dilatada idiopática severa, una forma de insuficiencia cardiaca provocada por una causa desconocida.

Al no tener un sospechoso más evidente, los doctores asumieron que un virus había atacado mi corazón. El día que entré al consultorio de mi doctor, mi corazón estaba funcionando a solo un 6 por ciento. Pasé catorce días en el hospital, la mayoría del tiempo en cuidados intensivos, mientras los doctores trabajaban día y noche para salvar mi vida. Todo esto a pesar de no tener ningún factor de riesgo, ninguna historia familiar, baja presión arterial, bajos niveles de colesterol y una evaluación reciente del seguro de vida que declaraba que yo tenía menos del 3 por ciento de probabilidad de algún día desarrollar una enfermedad cardiaca.

Me llevaron a la Cleveland Clinic donde me convertí en la paciente en condición más crítica de mi cardiólogo por un año y medio. Luego

# DESVIACIÓN DIVINA

supe que yo fui la paciente más enferma que ella había tratado en los dieciséis años que trabajó como Directora de la clínica de insuficiencia cardiaca de mujeres y como Directora Asociada para el programa de trasplantes de corazón en la Cleveland Clinic, el mejor hospital cardiaco en los Estados Unidos. No es la insignia que hubiera querido ganar. Eventualmente, me implantaron un CRT-D Biventricular, una combinación de marcapasos y desfibrilador interno.

Miles de personas oraban por mí día y noche a pesar de un pronóstico desalentador y lágrimas comprensivas de cada doctor que encontramos. Contrario a lo que la parte racional de mi cerebro quería hacer, me aferré y confié. Milagrosamente, sobreviví. Contra todo pronóstico médico, la función de mi corazón se restauró temporalmente dieciséis meses después.

Pero como suele suceder con la insuficiencia cardíaca, mi condición ha experimentado altas y bajas desde entonces.

Y como suele suceder con el caminar cristiano, también lo ha experimentado mi fe.

Mi historia todavía no se ha escrito por completo. Desde esta reversión extraordinaria, la función de mi corazón ha bajado dos veces más y ahora está estable en un nivel más bajo. Aprendo cada año más acerca de qué tan impredecible es esta condición. La insuficiencia cardíaca es una enfermedad crónica y progresiva. No hay cura. Para la mayoría, la ciencia médica puede manejar los síntomas. Para algunos, ellos pueden disminuir el progreso. Los doctores creen que probablemente necesitaré un trasplante de corazón en el futuro.

Todavía lucho con preguntas casi todos los días. Pero en lugar de verlas como una amenaza a mi fe, las considero una cuerda salvavidas para mantenerla.

Los años postdiagnóstico me han llevado por una desviación de fe que jamás vi venir. Como alguien que ha creído toda la vida, me sentí profundamente decepcionada. Quería respuestas, pero más importante, necesitaba permiso para preguntar.

Este libro de cuarenta días es un resultado de mi búsqueda de recibir las preguntas con los brazos abiertos y de navegar este desierto en el cual me encontraba.

En las Escrituras, el número cuarenta representa pruebas y tribulación. Moisés ayunó cuarenta días en el desierto, los Israelitas vagaron por el desierto por cuarenta años, Noé sobrevivió cuarenta días y noches en el diluvio, Elías sufrió por cuarenta días sin comida o agua en el monte de Horeb, los espías pasaron cuarenta días explorando la tierra de Canaán, Jonás advirtió que en cuarenta días Nínive sería destruida.

Quizá el periodo de cuarenta días más famoso es el que Jesús aguantó en el desierto antes de comenzar su ministerio público en Mateo 4:1-11:

> Luego el Espíritu llevó a Jesús al desierto para ser tentado por el diablo. Después de ayunar cuarenta días y cuarenta noches, tuvo hambre. El tentador se acercó y le propuso:
> —Si eres el Hijo de Dios, ordena a estas piedras que se conviertan en pan.
> Jesús respondió: —Escrito está: «No sólo de pan vive el hombre, sino de toda palabra que sale de la boca de Dios».
> Luego el diablo lo llevó a la ciudad santa e hizo que se pusiera de pie sobre la parte más alta del Templo y le dijo:
> —Si eres el Hijo de Dios, tírate abajo. Pues escrito está: «Ordenará que sus ángeles te protejan y ellos te sostendrán en sus manos para que no tropieces con piedra alguna»».
> —También está escrito: «No pongas a prueba al Señor tu Dios» —contestó Jesús.
> De nuevo el diablo lo llevó a una montaña muy alta. Allí le mostró todos los reinos del mundo y su esplendor. Y le dijo: —Todo esto te daré si te postras y me adoras.
> —¡Vete, Satanás! —dijo Jesús—. Porque escrito está: «Adora al Señor tu Dios y sírvele solamente a él».
> Entonces el diablo lo dejó y ángeles acudieron a servirle. (NVI)

Los susurros de Satanás durante esta incursión estaban destinados para más que una buena historia bíblica. Estos susurros siguen haciendo eco en los desiertos que cada creyente enfrentará en su vida. Y se manifiestan por medio de preguntas profundas de fe.

Mi historia contiene un periodo de prueba también. He pasado

## DESVIACIÓN DIVINA

algo de tiempo en ese desierto. Pero también he puesto mi mano firme en la mano de Jesús durante estos días, como alguien que conoce el territorio personalmente. De hecho, mientras vivo y aprendo en medio de mi enfermedad crónica, mi viaje ha sido sorprendentemente paralelo a las preguntas con las cuales luchó Jesús durante sus cuarenta días en el desierto. Sospecho que tu viaje ha sido así también, sin considerar cuál desviación te ha tocado.

Cuando el enemigo tentó a Jesús a convertir las piedras en pan para satisfacer su hambre física, estaba susurrando algo a Jesús que a menudo nos susurra en medio de nuestros sufrimientos físicos: *La sobrevivencia es lo más importante. Haz lo que tengas que hacer para asegurar la comodidad en esta vida. Lo único garantizado es lo que puedes ver y sentir y saborear aquí. Nuestras preocupaciones inmediatas importan más.* Como creyentes, nos quedamos con una cuestión de preocupación. Pregunta #1: ¿Es esta vida todo lo que hay?

Después Satanás probó el segundo susurro, inclinándose al oído de Jesús y al nuestro: *Salta y ve si Dios suspenderá las leyes naturales para salvarte. Dios te agarrará si te ama. No dejará que te lastimes. Un buen Dios no dejará a su hijo sufrir. Si lo hace, entonces no le importas.* Luchamos con la cuestión de la duda. Pregunta #2: ¿Es Dios siempre bueno?

Finalmente, Satanás pide a Jesús adorarle en lugar de a Dios a cambio de riquezas en esta vida. El enemigo nos ha susurrado esta mentira a muchos de nosotros. *Tu plan para la vida es por lo menos tan bueno como el de Dios, probablemente mejor. Además, no tienes que darle todo a Dios. Todavía puedes manejar tu parte de la escena.* Enfrentamos una cuestión de control, especialmente cuando terminamos en el desierto. Pregunta #3: ¿Es el plan de Dios suficiente?

Estos susurros del enemigo nos pueden atacar en nuestro aburrimiento, o nos pueden perseguir en nuestras tribulaciones. De cualquier forma, estas tres preguntas tienen que ser atendidas. Tal como el Espíritu llevó a Jesús al desierto oscuro para ser probado, es parte del plan que seamos probados también. Es un regalo aumentador de fe que Dios permite en cada cristiano: la oportunidad de preguntar, de interactuar con nuestra creencia, y de elegirlo a Él una y otra vez.

Este libro contiene cuarenta ensayos para estimular tu propio encuentro con estas tres preguntas de vida.

Aunque mi travesía por el desierto todavía no se ha terminado, la desviación ya es la ruta esperada. Mi fe diaria está templada al saber que Él no siempre se comporta como quisiera yo. Sin embargo, la gracia abundante de Dios motiva mis preguntas en el camino. Y aún más importante, Su Espíritu nunca deja de buscar mi corazón inquisidor.

El número cuarenta representa tribulación, pero Dios nunca nos deja en la prueba. Cuarenta también indica que una profunda transformación se acerca. Cuarenta significa el medio ambiente de Dios donde sucede el cambio. Cuarenta representa unas nuevas instrucciones para una nueva etapa de vida. Cuarenta significa prueba, pero también cumplimiento, de planes y promesas de largo sufrimiento y lucha dura que se han llevado a cabo. El Jesús restaurado ascendió mientras cientos, tal vez miles, de nuevos creyentes celebraban su existencia terrenal, un trabajo bien hecho, y un regreso eterno a su hogar. El mismo Jesús que enfrentó los cuarenta días en el desierto encontró la Gloria en el otro lado de otro periodo de cuarenta días.

Este es nuestro Dios. El Dios que cierra el círculo de la prueba al triunfo, nunca dejándonos con una historia sin fin. Mientras estos cuarenta ensayos representan cuarenta días, no tienen que ser cuarenta días consecutivos. Toma cualquier grupo de cuarenta «días» que quieras, durante cualquier periodo que quieras. Cada uno luchará con estas preguntas a su propio ritmo. Le pido a Dios que estos cuarenta días, como sea que los encuentres, te ayuden a confrontar las tres preguntas de vida y te muevan hacia tu propio triunfo, en un viaje más profundo al corazón de nuestro asombroso Dios.

· · · · ·

## UNA NOTA SOBRE EL FORMATO

Este libro que tienes en tus manos no es una autobiografía cronológica de mi viaje con la insuficiencia cardíaca.

## DESVIACIÓN DIVINA

En cambio, encontrarás cuarenta ensayos narrativos independientes, organizados entre las tres preguntas de vida. Jesús utilizó historias para enseñar sus lecciones más importantes. Jesús sabía que entendemos la vida por medio de cortas ráfagas, escenas sencillas, frases pequeñas, en lugar de largas novelas. Él sabía que así es como nos encontramos con la fe también.

Mientras leas estos ensayos, encontrarás diferentes partes de mi historia (y las anotaciones relacionadas de mi diario) rociadas entre las tres preguntas. Estos fragmentos de historia no necesariamente aparecerán en el orden en que sucedieron. Esto es parte del diseño.

Mientras la vida se vive en un tiempo lineal, la fe no se desarrolla así. No es así cómo he llegado a creer, y me imagino que tú tampoco. En este libro encontrarás que la pregunta de preocupación puede incluir eventos relacionados con mi diagnóstico, el aparato que eventualmente recibí, mi mejora repentina, mi empeoramiento subsecuente, y mi estabilidad en un nivel más bajo. Lo mismo sucederá con las otras preguntas de duda y control – confronté cada pregunta durante todas las partes de mi viaje. Nunca quiero darles la impresión de que podamos resolver una pregunta y guardarla, continuando con otras preguntas de «más alto nivel». En cambio, como creyentes, nos enfrentamos a las mismas tres preguntas durante toda la vida. Vencemos la preocupación sólo para volverla a cuestionar una y otra vez más.

Para ser honesta, al principio me parecía lógico y ordenado detallar los eventos en orden y etiquetar las secciones con la aliteración: Diagnóstico, Dispositivo, y Decrecimiento. Después me di cuenta de que este libro siempre ha tratado más del desarrollo de la fe que de los detalles de mis eventos médicos. Espero que este formato te agrade y que te de permiso de seguir cuestionando, en las tres áreas, donde sea que te encuentres en tu propia desviación divina.

Apodérate de tu incertidumbre. Tomemos un paso juntos en fe inquisidora. Estoy contigo en este viaje.

# Una cuestión de preocupación

## Días 1–13

· · · · ·

### El dilema de Jesús en el desierto

El tentador se acercó y le propuso:
—Si eres el Hijo de Dios, ordena a estas piedras que se conviertan en pan. (Mateo 4:3 NVI).

### Lo que oímos

Mi prioridad principal es mi necesidad física inmediata.

### Pregunta de vida

¿Es esta vida todo lo que hay?

DÍA 1

# Una temporada de tristeza y gratitud

«Acabas de hundir nuestra amistad!» Mi hermano mayor pronunció estas duras palabras un día temprano durante las vacaciones de invierno. No sabía qué era lo que había hecho, pero sabía que era malo y este error había creado una gran pérdida. Ya no podíamos ser amigos. Nunca. Jamás.

Abatida, hice la única cosa que mi ser de cinco años pudo imaginar, la única cosa dentro de mi control en ese momento.

Hui de casa.

Empaqué mi maleta de Holly Hobbie con un paquete de galletas saladas, dos dulces sobrantes de Halloween y tres zanahorias para balancear todo. Después, agarrando mi abrigo, me fui hacia el lugar más desolado y privado en mi universo conocido: el pastizal junto a mi casa.

Mientras entraba más en el terreno árido, noté una estructura en la distancia y se me ocurrió una idea. Me subí por las escaleras frías de metal hasta la parte superior de un tanque de almacenamiento de petróleo que se encontraba en medio del pastizal. Imaginando que era mi propia casa, desempaqué la maleta y monté mi cocina. Me sentí autosuficiente.

Aparte de unos novillos Angus, estaba completamente sola. O por lo menos así pensaba. Cuando me volteé a ver nostálgicamente a mi hogar no tan lejano, un camión venía rápidamente hacia mí en un torbellino de polvo.

Me imaginé que era mi papá que venía a rescatarme o a rogarme que reconsiderara.

No lo era.

En cambio, llegó un trabajador del campo petrolero, sin invitación, a mi nueva residencia. Me regañó, me advirtió de una herida segura o posiblemente de la muerte, y amenazó que iba a informar a mis padres. Con mucho miedo y un poco de humillación, empaqué mis cosas y me encaminé hacia la casa.

Aun en la luz tenue del árbol de navidad recién decorado, percibí el ceño fruncido de mi hermano ofendido al otro lado de la mesa en la hora de la cena. Agradecida de estar de nuevo con la familia, fuera del peligro (y ya no en problemas), todavía sentía la tristeza que me hizo salir de casa en primer lugar. Luché con esta mezcla de sentimientos todas las vacaciones. Era un lugar difícil para estar.

## TRISTEZA MEZCLADA CON GRATITUD

Después de la huida de casa, viví en la tensión entre la tristeza y la gratitud. Mucha gente vive en este lugar apretado, aferrándose a las dos cosas de igual forma. A veces el mundo entero parece demasiado pesado. Por lo menos para mí:

Tristeza por la pérdida de mis padres (ambos) en un lapso de 4 meses.

Tristeza por la pérdida de un año en cuarentena que parecía evaporarse de mi vida ya ciertamente acortada.

Tristeza por las graduaciones, reuniones, abrazos, que deberían haber sucedido.

Pero junto a mi tristeza se sienta una cantidad correspondiente de gratitud:

Gratitud por la familia extendida y amigos comprensivos, por sentirme viva al final de un pronóstico severo.

Gratitud por el empujón existencial para empezar a perseguir un sueño demorado.

## DESVIACIÓN DIVINA

Gratitud por la pericia médica dada por Dios. Estoy perpleja al sentir tan fuerte las dos emociones; me parece casi hipócrita. Pero también me impresiona que las cosas por las cuales estoy más agradecida reflejan lo que más me aflige. Exactamente como aquel intento de mudarme al pastizal.

Francis Weller dice que es posible y aun beneficioso experimentar tanto la tristeza y la gratitud, «El trabajo de la persona madura es cargar la tristeza en una mano y la gratitud en la otra, y hacerse más grande por ellas».

La tristeza y la gratitud no están en conflicto. Podemos ser agradecidos y todavía estar en duelo. La una no tiene que negar o sustituir a la otra.

### LA GRATITUD NECESITA LA TRISTEZA

La tristeza y la gratitud pueden coexistir, y tal vez lo deben hacer. Tal vez nunca podamos apreciar la plenitud sin experimentar la pérdida. Quizá son en realidad socios para llevar a cabo la comprensión de la misericordia de Dios en nuestros corazones.

«La tristeza y la gratitud son almas gemelas, cada una señalando la belleza de lo transitorio y dadas a nosotros por la gracia». —Patricia Campbell Carlson

Es la condición humana. Las canciones se han cantado acerca de ello, las poesías se han escrito acerca de ello, y los corazones se han lastimado debido a ello. No sabes lo que tienes hasta que lo pierdes. La salud, la familia, los grandes planes. Entre más envejezco, me vuelvo más agradecida por todas las cosas que he perdido porque su ausencia me recuerda qué tan bendecida he sido para tenerlos aún por un rato.

«Es el regalo de la tristeza, el precio que debemos pagar por las relaciones y el amor profundo que tenemos para los que hemos perdido, que hace posible la gratitud». —Adam Rabinovitch

La anotación de mi diario cuando primero estaba en cuidados intensivos:

*Después de que todo se calmó con las medidas iniciales para sal-*

varme la vida, aprendí que, de acuerdo con la opinión médica, probablemente no viviría ni cinco años. Las estadísticas decían que el 50 por ciento de las personas con cualquier tipo de insuficiencia cardíaca se mueren dentro de cinco años. Para los que tienen BNP al nivel drástico que el mío, solo el 50 por ciento sobreviven noventa días después de que se les dé de alta del hospital. El noventa por ciento de ellos mueren dentro de un año. Es como si estuviera parada afuera de la ventana de mi propia vida, y no es una escena bonita. Mis números están tan bajos y mis probabilidades se ven aún peor.

El futuro todavía no se ha aclarado más de lo que era en aquel día en cuidados intensivos. No es lo que esperaba que fuera, pero estoy agradecida por lo que es. Reconocer eso nunca disminuye el dolor por la forma en que desearía que fueran las cosas.

Un año representa el 20 por ciento de la expectativa de vida que se me dio. Entretejido en un segmento de doce meses fueron las oportunidades perfectas que tuve para hablar profundamente con mi papá mientras me sentaba con él en la cama durante sus cuidados paliativos, y con mi mamá, mis hermanos y mis hijos mientras planeamos y luego tuvimos unos funerales. Sin las pérdidas de ese año, nada de eso habría pasado.

## SENTIRNOS VISTOS EN MEDIO DE LA TRISTEZA

Mucho de nuestras vidas se puede resumir en una afirmación que hizo Jesús: —Ahora no entiendes lo que estoy haciendo, pero lo entenderás más tarde. (Juan 13:7 NVI).

La madre de Jesús debe haber sentido lo mismo.

Joven y sin casarse, esperando al Salvador del mundo, María seguramente estaba en duelo por la pérdida de la vida que había planeado y la reputación que había guardado. —¿Cómo será esto?— (Lucas 1:34 RV60).

Para todos los que estamos manejando nuestras expectativas, la tristeza viene durante la fase de confusión y retos, cuando no estamos «logrando». Y puede ser un lugar muy solitario.

## DESVIACIÓN DIVINA

Si nos sentimos solos e invisibles, la tristeza puede contaminarse con culpa auto enfocada y remordimiento. (Secretamente quería que alguien notara que no estaba en casa durante la media hora que estuve en el pastizal. De otro modo, ¿cuál sería el punto?) Pero si nos sentimos vistos, la tristeza se puede sentir y se puede procesar a la luz de un cuadro más grande. Y la gratitud puede emerger de aquel lugar oscuro. Aun cuando estamos viviendo la historia que no deseábamos.

María se sentía vista por su prima Elizabeth y escribió un canto de alabanza y agradecimiento, «El Magníficat», justo semanas después de la sorpresa del anuncio del ángel sobre el nacimiento de su bebé. «Mi alma glorifica al Señor y mi espíritu se regocija en Dios mi Salvador, porque se ha dignado fijarse en su humilde sierva». (Lucas 1:46-48a NVI)

En estos años postdiagnóstico, aunque han sido muy difíciles, me he sentido vista, por mi familia, mis amigos, los profesionales en el campo médico, pero más importante, por *El Roi*, el Dios Que Ve. Y ha hecho toda la diferencia en cómo mi duelo ha permitido un espacio para la gratitud que ha sido ungüento para mi alma.

El autor Kelly Buckley escribe acerca de estar triste con gratitud: «La gratitud no cambia el dolor de la pérdida. Pero sí, alivia una parte del sufrimiento». De hecho, con la ayuda de una comunidad, lo ha hecho.

Cuando me fui al pastizal, fue fácil regresar. Pero mucho de eso fue solo un juego y la mayoría de los que vivimos ahora no lo es. Aun así, la tristeza que estamos cargando al entrar en una nueva temporada, o la que estamos tratando de escapar al entrar en un nuevo año, puede ser un verdadero trampolín para impulsarnos hacia la gratitud.

Y todo empieza al ser vistos en medio del duelo. Tal vez primero por un compañero de sufrimiento en línea o por un miembro contencioso de la familia o aun por un extraño en un camión petrolero. Pero, al final de cuentas, por nuestro buen Dios digno de gratitud.

DÍA 2

# Finales suaves

El verano después del segundo grado, quería dos cosas más que respirar: finalmente pasar la noche en un campamento del programa 4-H como lo hacían mis hermanos mayores, y ser dueña de un perro salchicha miniatura. En los años setenta, los dos costaban alrededor de $35 USD, una buena cantidad de dinero. Lo sabía, y mi papá lo sabía, entonces me dijo que podía elegir una de las dos.

Por supuesto, elegí el perrito.

Ella era perfecta. Chiquita, marrón, suavecita e inquieta. Missy y yo disfrutamos el mejor verano juntas. Pero, inevitablemente, el verano terminó y el tercer grado se acercaba. Como una semana después de iniciar el nuevo ciclo escolar, se me hizo tarde. Normalmente jugaba unos quince minutos con Missy antes de salir de la casa. Todavía no tenía dominada la nueva rutina de darle de comer a Missy, de desayunar, y de alcanzar el camión que pasaba a las 7:10am. Con prisa, aventé a un lado a Missy con mi pie cuando quiso jugar conmigo. Agarré mi chamarra y salí de la casa, ignorando sus ojos dulces y suplicantes.

Esta tarde, un mensaje llegó de la oficina a mi mundo del tercer grado por medio del intercomunicador arriba de la bandera de la clase. La voz incoherente de la secretaría avisó a mi maestra que mi papá había llegado para recogerme. Sabía que esto no era una buena señal. Vivíamos a 25 kilómetros del pueblo, y mi papá no pasaba por la escuela casualmente en medio del día. Inmediatamente mi mente corrió a la peor escena que podía imaginar. Me fui a la oficina. *Por favor, Dios, que no se trate de Missy.* Me metí a la camioneta de mi papá y apreté el asiento gastado de vinilo. *Por favor, Dios, que no se trate de Missy.*

Pero sí se trataba de Missy. Un coche le había atropellado cuando estaba en la escuela.

### FINALES INESPERADOS

El alma de mi ser de nueve años estaba abatida. Lamentaba que nuestro último encuentro no hubiera sido feliz. Más que nada, recuerdo que me sentía muy triste que ya no la volvería a ver. Esta fue mi primera probada con la realidad que describe Santiago como la neblina que aparece por un rato y luego se evapora. «¡Y eso que ni siquiera saben qué sucederá mañana! ¿Qué es su vida? Ustedes son como la niebla que aparece por un momento y luego se desvanece.» (Santiago 4:14, NVI).

Los momentos se evaporan, sin fanfarria, sin advertencia.

Mucho de la vida simplemente se esfuma de nosotros.

No reconocí la última vez que mecía a mi hijo para que durmiera, la última vez que recibí un dibujo colorido de uno de mis hijos, la última vez que mi hijo me dijo que quería casarse conmigo, la última vez que oí a un hijo cantar en el escenario, la última vez de ver a mi hija lanzar la pelota en un partido de softbol, la última vez que vi la sonrisa de mi mamá. Todos estos momentos se esfumaron silenciosamente, humildemente, sin que sospechara yo la gravedad del momento.

Tampoco reconocí mi último viaje misionero a México, la última vez que corrí a toda velocidad o comí en un restaurante sin preocuparme de una sobrecarga de sodio. Y nunca reconocí la última vez que me despertara sin cuidado, sin pensar al instante en mi corazón.

Estos finales suaves no eran finales hasta que futuros eventos los declararon así.

Otros finales son más esperados. La graduación de tu hijo del colegio es una puerta que ves venir durante dieciocho años. La jubilación, el mudarse de casa, la boda de una hija, los últimos días de mi papá cuando luchó contra el cáncer; todos momentos agridulces que

# DESVIACIÓN DIVINA

llegan con advertencia. Estas finales duras pueden ser más difíciles en el momento, pero más fáciles de aceptar a largo plazo.

Los finales suaves, los inesperados, los que no eran finales hasta que había ya pasado el tiempo para apreciarlos como tal, son los que me son más duros. La vida en sí puede ser un final suave. Pero, como en una subasta, pensé que tendría un «aviso justo» antes de la caída del martillo. Ahora entiendo que no puedes contar con eso.

## ELIMINANDO EL REMORDIMIENTO

Nuestro buen Dios diseñó mucho de nuestra existencia como finales suaves. No quería que nos obsesionáramos por estos finales hermosos, pero muy humanos. Podemos vivir cautivos por los finales duros, lo que nos dejará con remordimiento para los suaves.

Y el remordimiento puede ser una fuerza poderosa.

De mi diario:

*Recibí noticias difíciles hoy de los doctores: La función de mi corazón es «abismal», aun para alguien con insuficiencia cardiaca. Pero eso no es lo peor. Aparentemente, el corazón es el único músculo que no se puede sanar. Es uno de los tejidos menos renovables en el cuerpo. Aunque los medicamentos y ciertos aparatos pueden ayudar, el corazón no puede repararse a sí mismo. Entonces, parece que esto es para siempre.*

*Tengo montones de remordimiento por no haber ido al doctor hace años cuando mi esposo sospechó por primera vez que algo no estaba bien. Descubierto en sus etapas tempranas, la insuficiencia cardiaca tiene un resultado mucho mejor. Por años él insistía en que me evaluaran, pero no quería que me etiquetaran como «hipocondriaca». Ahora me siento más como la representante oficial de «No Seas Idiota».*

*Y siento que he defraudado a mis hijos y a mi familia. Daría lo que sea para una nueva oportunidad.*

*Tuve que sobrepasar eso, y la gracia fue la única forma para seguir adelante.*

*En etapas tempranas, aprendí que el remordimiento y la gracia no pueden ser compañeros de habitación.*

Mi diagnóstico atrasado me ha enseñado que la gracia es un asunto muy importante. La gracia es la raíz del cristianismo – si no podemos recibir la gracia con brazos abiertos, no podemos vivir en fe. Por demasiado tiempo, quise creer en Dios, pero no aceptaba que necesitaba su gracia. Resulta que me faltaba algo enorme. Como dice John Piper, «La gracia no solo es perdón, es poder.»

La gracia es el plan perfecto de Dios para traer a todos sus hijos a casa. Cuando se internaliza esto completamente, también es una manera de vivir mientras lleguemos ahí.

La gracia nos permite tomar riesgos con nuestra fe e invertir plenamente en personas imperfectas. Y, tal vez milagrosamente, nos urge a sobrepasar el remordimiento al extender el perdón costoso de Dios a nosotros mismos.

No podemos predecir los finales suaves. Eventualmente, todo lo que tenemos aquí desaparecerá como la niebla matutina, ausente antes de la hora de la comida. Mientras, solo podemos vivir tan plenamente como permite esta vida rota. Y descansar en la gracia en los momentos cuando fallamos.

Aun cuando los finales suaves nos agarran desprevenidos.

Especialmente cuando involucra un corazón enfermo (o a una perrita salchicha perfecta).

DÍA 3

# ¿Hogar o Él?

Seis países, docenas de monumentos, aún más camiones, trenes, Ubers, taxis. Una vez que recibimos la aprobación para viajar al extranjero, comenzamos el viaje corriendo— bueno, caminando. Sería trivial decir que fue el viaje de la vida. Fue el viaje de una generación para mi familia. Y estaba muy contenta de tener a mis hijos con nosotros.

Al abordar el último avión de Londres a Chicago y después a casa, mis pantalones negros estaban arrugados y manchados por haber comido y dormido en demasiados asientos de avión. Ya no tenía calzones limpios, barras bajas en sodio, ni energía. Estaba más que exhausta. Tal vez nos quedemos unos días más de lo razonable, pensé.

De todos modos, anticipando el regreso a casa, incluso mi corazón enfermo normalmente tendría una chispa de emoción como el despertarme con cinco años el día de mi cumpleaños.

## ANHELANDO LLEGAR A CASA

Siempre he querido ser una persona madrugadora, un cantante decente, alguien con el cabello un poco ondulado, y un amante de los viajes.
Para mí, la mejor parte de viajar es llegar a casa.
Pero esta vez, el llegar a casa fue diferente. Había dejado a mis hijos en vuelos separados rumbo a sus propias residencias en distintos estados. No me acompañarían en esta última etapa del viaje. No anhelaba mi hogar como lo haría normalmente. Sentía que algo

importante faltaba.

Nuestro anhelo para el cielo es similar, determinado por lo que imaginamos que nos espera cuando finalmente llegamos a casa con Él.

Temprano en el viaje, estamos cómodos aquí. Pero mientras que viajamos por esta vida, el cielo se vuelve más llamativo. Amigos fieles y familiares mueren. Nos duele a diario, física y emocionalmente. Anhelamos estar con las almas que extrañamos y la existencia pacífica y libre de dolor que antes teníamos. Cuanto más envejecemos, más de lo que deseamos se desliza al otro lado.

El punto de inflexión puede ser el siguiente: ¿qué tanto de lo que quiero está en este lado de la eternidad y cuánto reside ahora del otro lado?

## LA ALEGRÍA DEL CIELO

Seguido me pregunto, ¿dónde queda mi Dios en todo esto?
O si ni siquiera está.

El autor John Piper hace otra pregunta: «La pregunta crítica para nuestra generación —y para cada generación— es esta: Si pudieras tener el cielo sin enfermedad, con todos los amigos que has tenido en la tierra, toda la comida que te gusta, todas las actividades que disfrutas, toda la belleza natural que has visto, todos los placeres físicos que has probado, y sin conflicto humano ni desastres naturales, ¿podrías quedarte contento en el cielo si Cristo no estuviera allí?

¿Podría estar feliz yo en el cielo sin Él? Me dolió aún considerar la posibilidad. Que pudiera imaginar estar contenta ahí sin El que lo hizo todo posible en primer lugar.

*Finalmente, en casa, finalmente en el descanso, pero ¿sin Cristo?*

Entonces, me di cuenta de que esto podía ser un tipo de oxímoron espiritual. No creo que estaría yo ahí porque habría perdido completamente el propósito de esta vida.

Para ser justos, somos mortales, y nos aferramos a lo que experimentamos y recordamos. El hogar se define por lo físico. Tal como mi propio hogar se define por la presencia de mis hijos.

Es difícil para nosotros imaginar un hogar que nunca hemos visto que se define por un Dios que solo conocemos por asociación. Como C.S. Lewis escribió en *Los cuatro amores*: «Nos vemos obligados a tratar de creer lo que todavía no sentimos, que Dios es nuestro verdadero amado».

A nuestro Dios ni se le sorprende ni le lastima esta limitación. Él entiende nuestra naturaleza humana y Su Espíritu dirigió estas palabras para demostrarlo. «Ahora conocemos a Dios de manera no muy clara, como cuando vemos nuestra imagen reflejada en un espejo a oscuras. Pero, cuando todo sea perfecto, veremos a Dios cara a cara. Ahora lo conozco de manera imperfecta; pero cuando todo sea perfecto, podré conocerlo como él me conoce a mí.» (1 Corintios 13:12 TLA).

## ALINEANDO NUESTROS DESEOS

Es una pregunta difícil que enfrentar. *¿Es la idea del cielo completar nuestros deseos o completar nuestro Dios?*

Quizás sea el alinear completamente los dos.

Quizás sea que Dios sea mi deseo completo no solo en el más allá, sino también en nuestra vida actual. Skye Jethani, en su libro *With*, nos urge a buscar una vida sin fin con Dios, comenzando ahora mismo. Esto puede ser la única forma que podamos entender completamente el concepto de un hogar eterno.

Después de que me dieron de alta del hospital la primera vez con mi chaleco salvavidas, finalmente llegamos al fin de un día que duró 192 horas y que supuestamente iba a incluir solo una visita rápida al doctor. El día siguiente escribí esto en mi diario:

*No podía esperar para volver a casa. Salí para una cita con el doctor esperando recibir un antibiótico hace más de una semana. Siento que he envejecido veinte años desde entonces. Dejé una casa ajetreada llena de familia y regresé a un vacío que nunca había conocido. Mis hijos estaban esparcidos en la escuela y trabajos. Perdí por completo el día festivo.*

*Al entrar en la casa, sonó la alarma de mi chaleco salvavidas para indicar una carga inminente a mi corazón, como si hubiera dicho: «Hay un nuevo alguacil en el pueblo.» Me puse a llorar lágrimas deses-*

*peradas, me quité el chaleco, lo aventé y me alejé de él. Al ver aquel aparato extraño abandonado en el piso de la cocina, de repente supe que mi vida había cambiado para siempre, para toda la familia.*

*Sin embargo, pase lo que pase, tengo una asombrosa certeza de que Dios está justo en medio de todo esto. Lo puedo sentir aquí, en lo que me dicen que es un caos irreversible e irredimible. Sus huellas digitales están por todos lados. Y de alguna forma, aun en los momentos llenos de pánico, esto hace que todo esté bien.*

Al inhalar el miedo intenso aquel día, la noción del hogar era palpable. No pensaba en ladrillos y un techo, y sabía que no podía escapar de las circunstancias de mi insuficiencia cardiaca. Hasta mi familia se había ido. Lo que quería era envolverme en los brazos de un Dios familiar mientras luchaba con la incertidumbre y mi corazón quebrantado.

Finalmente, despojada de mis expectativas y planes, todo lo que deseaba en este momento era Su presencia completa.

En cualquier recorrido que Él llevará a esta viajera cansada, dudosa y temerosa. Como sea que se vea para llevarme a casa… para finalmente estar completamente con Él.

DÍA 4

# Hundiéndome en el lodo

El calor de Kansas puede matar a los animales de la granja si no tienen agua. Eso era una verdad que mis hermanos y yo conocimos toda la vida. Entonces, fue algo importante cuando, al mostrarme confiable, me encargaron la tarea de darles agua a los cerdos dos veces al día durante el verano. Todos los demás estaban trabajando en el campo o en el pueblo. Fue un honor para mí tener una tarea tan pesada y que mi papá confiara en mí con (lo que pensé que era) el destino de toda la operación agrícola.

Inclusive con tanto en juego, yo creía que tenía todo bajo control. Después de todo, estaba a punto de entrar en el cuarto grado.

Caminaba lentamente unos 400 metros para llegar al corral con mis chanclas limpias, camiseta sin mangas y pantalones cortos a juego. Intimidada por los cerdos grandes y rudos, mi meta siempre era permanecer fuera de su corral y solo colocar la manguera por encima de la parte superior del tanque, manteniendo todo lo más sencillo y limpio posible. Y tal vez poder leer un capítulo de un libro mientras se llenaba el tanque.

Un día por la tarde, me acerqué al corral y noté que uno de los tanques no estaba bien nivelado. El tanque de 200 galones tenía una abertura en un lado que permitía que los cerdos tomaran el agua. Con el calor intenso, los cerdos habían tenido la ingeniosa idea de salpicar el agua desde la abertura con sus hocicos para hacer un baño de lodo. Aparentemente, habían trabajado el plan por un buen rato. Cuando el suelo se hizo blando por el lodo, el tanque perdió su base y empezó a inclinarse hacia el lodo, derramando su fresco contenido sobre la tierra. La voz de mi papá hizo eco en mi mente. *¡No se les puede acabar el agua en el verano o todos se morirán!* No había nadie en la casa, y sabía que dependía de mí para resucitar la fuente de su agua. Apreté los dientes y me trepé al corral. Me esforcé para enderezar el tanque, pero mis brazos de nueve años no lo podían mover. Peor todavía, los cerdos de 500 libras se emocionaron al ver un visitante. Las enormes criaturas con piel áspera se lanzaron sobre mí, resoplando y chillando, empujando sus hocicos lodosos contra mis piernas descubiertas mientras los dedos de mis pies y mis chanclas se hundieron en el lodo que habían creado.

## VOLVIÉNDOSE IMPOTENTE

Todavía puedo saborear las lágrimas de impotencia que derramé en el corral aquella calurosa tarde de verano. La situación era más grande que cualquier solución que hubiera podido encontrar. Cuando me di cuenta de ello, o cuando cualquiera de nosotros lo hace, un sentimiento de impotencia puede consumirnos.

Desde mi diagnóstico, me he sentido impotente muchas veces. A veces me parecía una falta de fe, que de algún modo estaba defraudando a Dios porque no creía lo suficiente en que Él podía arreglarlo todo. En los peores días, he sentido que no estoy haciendo lo suficiente para lograrlo.

Después de meses de valorar meticulosamente los medicamentos y de completar la rehabilitación cardiaca durante el primer año de mi insuficiencia cardiaca, todavía tenía esperanza de que podría evitar el uso del aparato interno. Me sentía lista para otra revisión en Cleveland. Aunque me parecía que siempre recibía malas noticias allí, creía que esta vez iba a ser diferente. Me había comprometido a hacer todo lo que estaba en mí poder para mejorar.

No lo sabía en ese momento, pero esto iba a ser el punto más bajo

## DESVIACIÓN DIVINA

en la gráfica de mi recuperación.

De mi diario en la revisión en la Cleveland Clinic:

*Es increíble que en la Cleveland Clinic, tan enorme que parece ciudad, nos tocó el mismo sonógrafo cardiaco que habíamos visto unos tres meses antes. Nos habíamos encariñado con Evelina inmediatamente porque había pedido orar con nosotros después de mi primer ecocardiograma. Mi esposo y yo estábamos convencidos de que era una buena señal que nos hubiera tocado con ella de nuevo. Cuando regresamos al consultorio, nos dijo, «¿Se acuerdan de mí?» Le respondí, «¡Por supuesto! Pero, ¿cómo nos recuerdas a nosotros? Seguramente has hecho unos cuatrocientos o quinientos ecos desde entonces.» Ella nos dijo que seguía pensando en nosotros y orando por nosotros. Que no podía dejar de pensar en nosotros; se sentía como si nos hubiera conocido toda la vida.*

*Una vez que comenzó el electrocardiograma y me dieron el tinte intravenoso, empezamos a sentir que algo no iba bien. Los ecografistas no deben revelar los resultados a los pacientes, pero era evidente de todos modos. Evelina estuvo en silencio un momento y luego nos preguntó si los doctores todavía hablaban de un trasplante. Vi como mi esposo recargó la cabeza en sus manos. Ella quiso hacer de la oración por nosotros una tradición. Después dijo algo que destrozó nuestras almas, «¿Siguen pidiendo la sanación?» Mi esposo volvió a verme con lágrimas en los ojos y nuestro mundo dejó de girar.*

*Obviamente no íbamos a poder vivir la visión que habíamos esperado, de dejar el chaleco salvavidas y salir de la clínica restaurada. Por lo menos hoy no. Evelina me dio su número telefónico personal para que la pudiera mantener informada. Me dijo que algún día esperaba oír noticias de un milagro. Quería creerle, pero no estaba tan segura.*

*Cuando salimos de la clínica ese día, mi corazón, mi esperanza y mi fe se hundieron un poco más en el lodazal. Había hecho todo dentro de mi poder para reparar este desastre de insuficiencia cardiaca: restricción de líquidos, restricción de sodio, dosis máxima de medicamentos, sueño. Sin embargo, me deslicé más en la enfermedad, sin ninguna ayuda a la vista. Y, al igual que la niña en el corral de cerdos, me di cuenta de que se me habían acabado las opciones.*

Todavía no me había dado cuenta de que me estaba incorporando a una historia mucho más grande de lo que yo podía crear con mis propias fuerzas, mucho más grande incluso que mi propio mejoramiento. Con el tiempo, encontré un propósito allí. Como dijo el autor y pastor David Platt, «No quiero ser parte de algo que se puede explicar por mi propia habilidad o poder. Quiero ser parte de algo que solo se puede explicar por el poder de Dios».

## EL PODER DEL AUTOR

Nuestro buen Dios tenía un plan, como siempre lo tiene, y mi pronóstico turbio con insuficiencia cardiaca solo fue parte de su gran historia. Este punto bajo resultó ser el punto alto, el punto donde disminuyera mi autoimportancia suficientemente como para dejar entrar a Dios. Ese día en Cleveland, me di cuenta de que mi debilidad, mi deficiencia, es la mejor cualidad para servir a Dios. Es cuando Dios dice, «te elijo para esto.»

Al elegirnos, Dios a menudo nos da más de lo que podemos manejar humanamente para que aprendamos a depender de Él en lugar de nuestro poder imperfecto.

El sabe que podemos volvernos demasiado enfocados en el conocimiento propio, el impacto propio, nuestra propia importancia en la historia. Pero nuestro Dios nos llama a algo más duradero, algo más maravilloso. Estate quieto y conoce. Sé débil y espera. Sé impotente y mira.

Pablo se sentía estancado muchas veces. «Fuimos abrumados sobremanera más allá de nuestras fuerzas» (2 Corintios 1:8b RV60). De todos modos, se inclinaba hacia su impotencia. Luego, en el mismo libro escribió: «Y me ha dicho: Bástate mi gracia; porque mi poder se perfecciona en la debilidad» (2 Corintios 12:9 RV60).

El poder de Dios es más evidente en mi propia deficiencia. Para que el mundo conozca. Porque cuando se me acaban las opciones, solo puede ser Su poder.

En ese corral no fue la última vez que la impotencia me ganó, y no

## DESVIACIÓN DIVINA

fue la última vez que me encontré hundiéndome en el lodo. Pero fue una de las veces más memorables (y literales). Regresé a casa de la pastura aquel día, llena de lodo y descalza, pero un poco más sabia. Volví a casa para hacer una llamada de larga distancia a la oficina de mi papá. Gracias al estilo de crianza de mi papá, siempre he sabido que mi Padre era a quien podía acudir en tiempo de crisis. Y sabía que nunca me regañaría o me minimizaría.

En esos días de impotencia en la granja, tal como los días que caminaba arduamente por el lodazal espeso de la insuficiencia cardíaca, Dios no esperaba que yo hiciera todo bien; no esperaba que yo marcara todas las casillas.

Esperaba que estuviera débil.

Esperaba el momento en que los dedos de mis pies se hundieran en el lodo.

DÍA 5

# Aprendiendo a lamentar

Era un martes ordinario. Después de meterme silenciosamente en el salón del coro antes de que sonara la campana, recuerdo haber visto a su hermano mayor caminando de un lado a otro afuera de la oficina escolar mientras esperaba que la sacaran de la clase.

La mamá de mi amiga de la infancia había muerto después de una larga enfermedad en el último año del bachillerato.

Yo sabía que su mamá estaba enferma, pero mi mundo giraba según su órbita habitual, entonces nunca lo mencioné. Por años, fingía no notar el empeoramiento de su mamá cuando me quedaba la noche en su casa disfrutando la experiencia culinaria de su papá, cuando pasaba un rato en la sala de televisión en su casa después de la escuela, o cuando me sumaba a sus vacaciones familiares.

Cuando escuché la noticia del fallecimiento de su mamá, no fui a la casa familiar de mi amiga para consolarla. Su dolor era algo que no podía comprender y no lo quería ver de cerca. La verdad es que sentía una nueva tristeza miedosa propia que no sabía expresar. Entonces, la ignoré. Fui al funeral, pero básicamente esperaba que todo regresara a la normalidad justo después. No estoy segura si alguna vez hablé de la muerte de su mamá con alguien, y menos con Dios, quien, según me parecía, había metido la pata. Mi amiga y yo intentamos continuar nuestras vidas normales de adolescentes. Más tarde en ese mismo año, nos graduamos y nos fuimos por caminos separados. Antes de Facebook y en el apogeo de los altos precios de las llamadas de larga distancia, nos alejamos poco a poco. Coloqué a Dios y a mi amiga en una caja marcada como «el bachillerato» y no saqué a ninguno de los dos por años.

Muchas veces me pregunto si realmente fue la distancia y las decisiones lo que nos separó. Me pregunto cómo mi relación con Dios, y con mi amiga, podrían haber sido diferentes si hubiera expresado los sentimientos desconocidos de decepción, enojo, desilusión y miedo.

Muchos de nosotros eventualmente experimentamos el dolor de maneras inesperadas también. Y la mayoría nunca lo expresamos. Y es así, sin importar que tanto intentemos mantener la compostura, que la tristeza se desparrama a los miembros de la familia, amigos comprensivos, y compañeros preocupados desprevenidos.

Dios lo comprende, y quiere que lo platiquemos.

Dios quiere que lo lamentemos.

## ¿QUÉ ES EL LAMENTO?

El lamento es una expresión apasionada de aflicción o de tristeza. Es más que simplemente sentir la angustia. Es reconocer abiertamente ante Dios el dolor confuso e intenso.

Como humanos, sufrimos, pero solo como creyentes es que lamentamos. Y es particularmente difícil debido a la cercanía de nuestro Dios. Conocemos sus promesas y lo conocemos a Él. Sin embargo, vivimos en un mundo de tristezas, tal como todos sus seguidores, después de la ascensión y antes de su regreso. Vivimos entre promesas.

Por lo tanto, con un pie en cada mundo, un lamento nos parece caótico. Creemos, pero nos duele; conocemos, pero cuestionamos.

Russ Ramsey, en su libro *Struck* describe el lamento como «una queja atada a la fe, la confusión atada a la confianza, una petición atada a la lealtad». Para el creyente, la tristeza pocas veces se para sola, sino tiene una dimensión mucho más profunda. Una realidad dura nos duele cuando viene de alguien a quien amamos y en quien confiamos. En el lamento, la traición se mezcla con la tristeza.

De mi diario en el primer año de mi enfermedad:

## DESVIACIÓN DIVINA

*Después de nueve meses en este trayecto de insuficiencia cardíaca, me estoy preguntando cuándo va a entrar al escenario Dios. Le doy toda la gloria por mantener todo con calma hasta ahorita.* Sé que no debía haber vivido tanto tiempo en mi condición, pero ahora parece que el próximo paso lógico, con mi nombre en tantas listas de oración, sería sanarme y ya acabar este asunto. He aprendido a depender de Él y ya es hora de que me muestre Su amor y poder. Pero no sucede nada. No hay ninguna mejora medible a pesar de todos los medicamentos y todas las intervenciones. Cuando juré que jamás necesitaría el desfibrilador interno, estaba segura de que estaba afirmando una victoria temprana para Dios. Ahora está programado que me lo coloquen. No lo entiendo. ¿Por qué no me sanas, Dios? ¿Por qué no muestras tu majestad? ¿Por qué no haces algo grande mientras la gente observa? Mi sanación después de miles de oraciones y toneladas de entrega fiel me parece tener sentido. Estoy empezando a sentirme engañada o abandonada – no sé cuál.

## EN BUENA COMPAÑÍA

Tanto David, el hombre conforme al corazón de Dios, como Jesús, el hombre que encarna el propio corazón de Dios, se habían familiarizado con los lamentos. Cada uno clamaba a Dios cuando sus creencias no parecían empatar con sus experiencias.

Jesús rogaba por respuestas en Getsemaní con la crucifixión inminente, y en Gólgota en medio de ella. *No me gusta donde me lleva esta trayectoria contigo.*

«Que pase de Mí esta copa» (Mateo 26:39 NBLA). *Quiero que pase esto.*

«¿Por qué me has abandonado?» (Mateo 27:46 NBLA). *Esto me duele.*

David, desestimado, perseguido, y rechazado, escribió casi la mitad de los Salmos, y una tercera parte de ellos son lamentos: *¿Cuánto tiempo? ¿Por qué? ¿Dónde estás?*

Los seguidores de Dios sienten lo mismo en los problemas del mundo, las crisis de salud individual, hijos descarriados, trabajos perdidos. Expresar nuestro dolor puede parecer deslealtad, como si hiciéramos a un lado la gran bondad de Dios. O como si Él nos hiciera a un lado a nosotros.

Pero Dios tenía algo diferente en mente.

## EL LAMENTO DEMUESTRA LA FE

El lamento demuestra la fe como pocas otras cosas. De hecho, es una de las formas más puras de alabanza. El lamento tiende la mano hacia Dios cuando la lógica nos urge a huir. Mark Vroegop dice, «La práctica del lamento es una de las cosas más teológicas que uno pueda hacer.»

Los Salmos, Lamentaciones, y Eclesiastés se enfocan en el dolor y su expresión. Oscilan entre dolor personal y sufrimiento compartido, y casi siempre terminan con una afirmación de confianza en la bondad de Dios, en alabanza. Cuando lamentamos, cernimos la verdad de los sentimientos difíciles y realidades duras.

Aun así, en medio del dolor, a veces el lamento se siente como si hiciéramos a un lado nuestra fe. Pero en realidad es lo opuesto. El lamento anuncia que, aunque no nos guste lo que sucede, elegimos confiar. Cuando lamentamos, volvemos a reafirmar nuestra fe en este Dios a quien no comprendemos.

**Creo que existes.** Tal como no enviaría una carta o no llamaría a alguien que creo que no existe, al comunicarme contigo estoy confirmando que sé que estás ahí.

**Creo que eres poderoso.** No puedo hacer a alguien responsable salvo si creo que tenían el poder de efectuar otro resultado. El hecho de que me queje contigo significa que sé que podrías haber hecho algo al respecto. Y que puedes provocar otro resultado en el futuro.

**Creo que me amas.** Al compartir mis sentimientos profundos y personales contigo, afirmo que tú eres alguien que escucha con empatía. De otra forma, guardaría mis pensamientos para mí. Me duele porque sé que me amas, y no puedo reconciliar humanamente este amor con mi realidad actual.

En lugar de sofocarla con silencio, el lamento respira vida a nuestra relación con Él para que ninguna lucha sea prohibida. La comunicación apasionada crea un espacio para Dios, especialmente en nuestra angustia. Cuando podemos ser honestos acerca de nuestro dolor más profundo, lo dejamos entrar.

William Arnot escribe, «Cuando me lamento, Cristo entra por las grietas que la tristeza ha hecho en mi corazón, y tranquilamente toma posesión de todo.»

Ahora, años de dar voz a la dura *¿por qué no?* me han traído a un lugar de fe que no hubiera encontrado en una vida de rápida restauración. Poco a poco escarbó suficientemente profundo en mi corazón como para que aprendiera yo esta realidad libertadora: Él está en control, y mis peticiones de corta vista no lo están. Finalmente estoy aprendiendo a apoyarme en la confianza con compromiso y aun con alivio.

Sea lo que sea que lamentes hoy, y todos estamos lamentando algo ardientemente en este mundo remodelado, no tengas miedo de incluir a Dios. Un día cuando hayamos avanzado un poco más por este camino, nos daremos cuenta de que aún las pérdidas significan más de lo que nos imaginamos.

Cuando me encontré en medio del dolor desconocido debido a mi diagnóstico cardiaco, compartí mis preguntas y quejas de Dios en línea. Mi amiga del bachillerato me mandó varios mensajes de apoyo. Esta amiga también percibió mi dolor de no haber podido estar con mis papás en medio de sus luchas con su salud. Como vivía cerca, ofreció ayudarme.

Sé que entiende mi dolor, y veo cómo su dolor de hace décadas ahora se está aprovechando para el bien.

Ojalá hubiera aprendido a lamentar desde hace tantos años.

Cuando mi amiga, y mi fe, lo necesitaban.

DÍA 6

# La presencia de la ausencia

Después de una primavera especialmente húmeda y de un vendaval, se cayó un roble de 12 metros en el jardín delantero de nuestra casa. Afortunadamente no cayó sobre ninguna casa ni automóvil de algún vecino. Parece como si se hubiera acostado perfectamente, a unos centímetros del desastre. Pudimos localizar a un podador de árboles cercano quien lo cortó y lo removió, y aun lo trituró ese mismo día.

Para la vecina que pasea su perro, o la visita ocasional que viene del otro lado del pueblo, parece que jamás existió el árbol. Cuando ven el frente de la casa, falta el árbol, pero no lo saben. Cuando veo el frente de la casa, siento un vacío por lo que antes estaba ahí firme y orgulloso.

Me duele el corazón en una forma que no les sucede a ellos.

No solo se trata de algo que estaba y ahora no está. Era y ahora no lo es. Es la misma diferencia entre un hoyo y un espacio en blanco, o la ausencia de un gran árbol contra la decisión de nunca haber plantado uno. Esta carencia, este dolor, requiere una palabra especial:

Es la *saudade*.

## ¿QUÉ ES SAUDADE?

La saudade es un término encontrado en la literatura y música de Brasil y Portugal. Como muchas palabras ricas en significado, no existe una equivalente en inglés. El uso de esta palabra surgió en el siglo quince cuando barcos portugueses navegaban a África y a Asia en espera de abrir rutas de comercio. Las esposas, los hijos, y los padres mayores que quedaban atrás experimentaban una nostalgia extraña para los que salían hacia lo desconocido. Algunos viajeros habían desaparecido en naufragios, otros morían en batallas, muchos simplemente nunca regresaban. El fragmento familiar cargaba con un sentimiento constante de que algo les faltaba, un anhelo por la presencia de los que habían salido.

La saudade se describe, tal vez más correctamente, como «la presencia de la ausencia».

Es más que la idea de que algo falte o esté ausente. Es como la impresión que se queda en la arcilla, la marca de algo distinto que fue, pero ya no es. La saudade es el momento cuando te das cuenta de qué tan importantes son las personas de tu vida y los momentos que no has vivido con ellos. Es el momento en que recuerdas a tu esposo, quien falleció, o a tu hijo, que ya voló; cuando sientes el vacío y sabes que nada jamás podrá llenarlo.

Aún más curioso, la ausencia es una presencia en tu alma que atesoras. Igual como el dolor de una herida te recuerda algo precioso que ya no existe, le das la bienvenida al dolor para recordar el gozo.

## UN ANHELO MISTERIOSO

He sentido la saudade por muchas cosas durante la travesía de mi salud: por mi energía, mi seguridad, la oportunidad de que la nube pesada se levante aun por solo un día, por mi habilidad de planear por el futuro. Otras personas experimentan este anhelo por lo distante y lo inalcanzable con corazones aún más pesados: por los hijos arrebatados demasiado jóvenes, por matrimonios perdidos por descuido, por vidas disueltas por malas decisiones. Todos conocemos este anhelo misterioso.

La prueba de mi saudade no es un hoyo físico ni una huella vacía. Es un aparato, una caja metálica que sobresale de mi pecho,

## DESVIACIÓN DIVINA

que amenaza, en cualquier momento, tirarme al piso para mantenerme viva. El dolor sutil me recuerda lo que ha sido: la vida sin límites que antes tenía. La presencia de la caja me recuerda la ausencia de la seguridad inocente que antes tenía. Pero, en el estilo clásico de la saudade, le doy la bienvenida al dolor. Ciertamente tengo un hoyo que representa lo perdido, como todos lo tenemos, pero sin estos cráteres, estos baches rudos, podíamos haber pasado por la vida a toda velocidad perdiendo todas las escenas importantes, las escenas donde Dios nos encuentra.

Justo unos días antes de la cirugía para instalar el desfibrilador interno, escribí lo siguiente en mi diario:

*La realidad de la cirugía me está llegando. Ni he podido empezar a procesar todo esto:*

*1. La cirugía, por definición, duele. Y me dan miedo las heridas en la carne.*

*2. Tendré un objeto extraño en mi cuerpo por el resto de mi vida, y sobresaldrá de mi pecho y será muy visible para recordarme de su presencia cada día de mi vida.*

*3. Este aparato es notorio por dar «toques inapropiados» y de sonar cuando no debe. Casi una tercera parte de los que lo tienen desarrollan un trastorno de ansiedad.*

*4. Este es el último recurso, como dijo mi doctor –la última carta que se puede jugar– antes del trasplante. Tengo miedo más que nada que no me vaya a ayudar.*

Dios sí se mostró después de la cirugía, y de una manera grande. Mi mejora inicial fue mucho mayor a lo anticipado. Pero todavía no es una cura. Todavía tengo insuficiencia cardíaca y el funcionamiento de mi corazón sigue con altas y bajas. Todavía tengo aquel hoyo y ese aparato temido. El dolor físico me recuerda lo perdido, y parte de eso es para el bien. Perdí mi seguridad, pero encontré confianza. Perdí la plenitud, pero encontré un gozo extraño en medio del quebranto. Perdí el futuro que cuidadosamente había construido, pero encontré confort en el futuro que Él está formando.

## AMOR QUE PERMANECE

Un escritor sabio, anónimo se refirió a la saudade como «el amor que permanece.»

A pesar de la pérdida, a pesar de los hoyos y entre el dolor, el amor genuino de la saudade nunca desaparece. Las Escrituras luego confirman la importancia de este sentimiento eterno: «Ahora, pues, permanecen la fe, la esperanza y el amor. Pero el amor es lo más importante.» (1 Corintios 13:13 NVI).

Todos experimentamos la saudade cuando navegamos por esta vida peligrosa y permitimos a los demás viajar con nosotros. La presencia de la ausencia es tanto dolorosa como reconfortante. Tal como el roble majestuoso o el gran plan de vida, lo conocimos en un tiempo, y ahora lo extrañamos con fervor. Pero, como cristianos, sabemos que la eternidad ya comenzó, y cuando nuestra existencia toma un giro brusco en esta vida, conocemos y experimentamos de forma completa al Dios quien es amor.

Solo hasta entonces estará nuestra saudade finalmente satisfecha.

DÍA 7

# Culpa del sobreviviente

Había tres de nosotros en la congregación muy enfermos al mismo tiempo: Liz, Lora y Lori. Ninguna vio venir el diagnóstico. Ya que llegó, todas pensamos que lo íbamos a vencer. Todas somos creyentes. Todas teníamos a cientos de personas orando por nosotras. Todas tenemos esposos e hijos que nos necesitan. Soy la única que queda, y muy a menudo me pregunto, *¿por qué?*

## NADA DE LÓGICA, NADA DE JUSTICIA

Ciertamente yo parecía ser la más prescindible. Después de todo, Lora tenía hijos jóvenes para criar y madurar. Liz tenía nietos en edad de crecimiento en quienes tenía mucha influencia, y un esposo cuya salud dependía de ella. Mis hijos son adultos independientes. Mi familia está sana. Pero no hay lógica en el resultado. No hay un factor que ponga a todos en un mismo nivel.

Eugene Peterson es un gigante en la fe para mí. Él tradujo la versión de la Biblia en inglés conocida como *The Message*, y sus palabras siempre me han llegado directo al corazón. Él habló acerca del aspecto de «justicia» o equidad en la fe. «Una de las sorpresas que enfrentamos al envejecer es al ver que no hay ninguna correlación real entre la cantidad de errores que hacemos y la cantidad de dolor que experimentamos.»

Cuando veo a las familias fieles de Liz y Lora, me pregunto qué pensarán. *¿Están contentas de que sigo yo viva, mucho más allá de lo* *que habían pronosticado los doctores? ¿O siguen enojados con Dios viéndome como un recordatorio constante?*

Me dio algo de pena tratar de reconfortar a la hija adolescente de Lora después de su muerte. Que extraño se han de sentir. No sabía si debía estar ahí. Unos meses antes, el esposo de Liz me había dicho en el funeral de ella, «Tan enferma que estaba, ella nunca dejó de orar por ti.» Me sentí humillada y culpable que no siempre oraba yo por Liz y Lora como debía haberlo hecho.

Con un nudo en la garganta, me fui. El peso del *por qué* era más de lo que podía soportar.

## SIN EXPLICACIÓN

Una pregunta grande me perseguía: *¿Si es que sí contesta nuestra oración, por qué a veces no lo hace?* Es más fácil creer en un Dios que puede, pero que todavía no lo hace, que creer en uno que elige no hacerlo. Pero, cómo lo descubrió Job en medio de sus aflicciones, Dios no nos da explicaciones.

Como comenta Sarah Clarkson, «Como Job, somos atraídos al terreno extraño y desolado del aparente silencio de Dios al luchar con un dolor que amenaza destruirnos completamente».

Para ser justo, a veces su silencio es más un problema de comunicación que un castigo construido. Simplemente no puede ofrecer una explicación que podríamos comprender.

Recientemente dejamos a nuestra perrita Perla por tres semanas con un cuidador que ella no conocía. Nunca la habíamos dejado tanto tiempo. Sé que seguramente estaba confundida y deprimida, y pensando que jamás regresaríamos. Durante todo el tiempo, pensaba en cómo me hubiera gustado poder explicárselo, contarle que me había asegurado de que iba a estar bien, y que no sería por siempre. Pero no había manera de explicarle todo eso de forma que pudiera entenderlo.

La brecha de entendimiento entre nosotros y Dios es aún más grande que la que está entre Perla y yo. Y, aun así, somos lo suficientemente inteligentes para saber que no entendemos y esto nos frustra.

DESVIACIÓN DIVINA

## NINGUNA RAZÓN DE DEJAR DE CREER

Recuerdo cuando plantamos una hortaliza grande en la granja. Mi papá aró la tierra y los hijos le seguimos con semillas para rociarlas en filas ordenadas. Supervisados y aprobados por mi mamá, cubrimos las semillitas y las marcamos con sus paquetes para poder recordar lo que habíamos sembrado. Todo se sembró en la misma tierra. Todo se regó de igual forma. Todo fue expuesto al pleno sol. Nunca entendí porque algunas de las filas tenían espacios grandes, o aun filas completas vacías, donde jamás brotaron las semillas. Quería una explicación, para que la próxima primavera pudiéramos garantizar el 100 por ciento de germinación. Nunca recibí la explicación, porque no había una. Pero esto no significó que dejáramos de plantar.

Este recuerdo de mi niñez me ha ayudado a aceptar las preguntas sin respuesta. Aunque no todas las oraciones se contesten de la forma que nos gustaría, no quiere decir que dejamos de orar por completo.

## NO SE TRATA DE MÍ

No sé porque se me dio más tiempo, y a Liz y a Lora no. Me parece trillado decir que los caminos de Dios son más altos que los nuestros, o que todos estamos aquí por tiempos diferentes, por propósitos diferentes, ninguno para siempre. Y es fácil para mí decirlo, porque parece que gané cuando echamos a suertes.

Pero desde esta perspectiva, les puedo decir que las respuestas todavía no son claras. La fe todavía tiene un lugar, y todavía lucho con Dios. De mi diario el día después de la primera mejora en dieciséis meses, mucho tiempo después de que los doctores se hubieran dado por vencidos:

*Después de llorar un buen tiempo, después de muchas llamadas telefónicas, una noche sin dormir recordando todo lo que había sucedido y como había dicho a todos que Dios había contestado mi oración, algo extraño sucedió. Dentro de 24 horas, estaba confundida y casi triste. Todo esto no es justo. Tenía un caso serio de culpa del sobrevivi-*

ente. ¿Cómo es posible que esta oración se contestó y tantas más no lo fueron? ¿Qué significa todo esto?

Entonces recordé las palabras de Jesús acerca de Su amigo. *Meses antes, todavía en medio del sufrimiento, había abierto mi Biblia al azar mientras visitaba una clase Bíblica nueva. El versículo estaba subrayado, sin explicación, y sin que tuviera yo memoria de subrayarlo.*

*«Esta enfermedad no terminará en muerte, sino que es para la gloria de Dios, para que por ella el Hijo de Dios sea glorificado». (Juan 11:4 NVI)*

*Lázaro no fue sanado para ser inmortal o como recompensa de buen trabajo en la tierra. No. Fue para la gloria de Dios, para que el Hijo de Dios fuera glorificado por medio de ello. Mi propia sanación fue por medio de mí, pero no para mí.*

Yo soy, como todos lo somos, una parte muy pequeña de una historia muy grande. Nunca sabemos qué incluirá nuestro capítulo. Pero de una cosa estoy segura: algún día volveré a pedir por mi mejora, o que se salve mi vida, sea de la insuficiencia cardíaca o de alguna otra cosa, y eventualmente Dios dirá que no. Todas las personas a quienes Él sanó eventualmente murieron, incluyendo a Lázaro. ¿Puedes imaginar al amigo de Cristo pidiendo salvación de la muerte, sabiendo que Dios ya lo había resucitado una vez? ¿Y cómo le ha de haber costado trabajo a Dios decirle que no?

Nuestro Dios es un Dios de sanación y restauración, a veces aquí en la tierra, pero siempre en el cielo. Una cura médica aquí nos puede otorgar más años en esta vida, pero realmente no nos da más tiempo, porque ya se nos ha dado la vida eterna. La totalidad del tiempo pertenece a los creyentes. Y el tiempo que tengamos este lado del cielo es con el propósito de glorificar a Dios.

Mi enfermedad, y cualquier mejoría incidental temporal, siempre han sido para que el Hijo de Dios sea alzado por medio de ello. Es una tarea difícil, pero mi intención es realizarla durante los días que me queden en esta vida.

Porque sé que así es como Liz y Lora vivieron sus vidas.

DÍA 8

# Esperando la Gloria

Aunque la boda había excedido mis expectativas, convencí a mi nuevo esposo de volver en nuestro Grand Prix después de haber salido cubiertos de confeti.
Algo no estaba bien.
Yo no sabía qué era, pero me imaginé que tenía que ver con el no haber agradecido a mi mamá. Deseoso de lograr un buen comienzo para nuestro matrimonio, mi novio, a regañadientes, me concedió regresar a la iglesia. Me volví a meter, arrastrando la cola de mi vestido de novia, entre todos los que limpiaban, para abrazar a mi mamá y a mi papá. Me esperé unos minutos más en el salón de la iglesia para que disminuyera el sentimiento de inquietud para que pudiera iniciar mi nueva vida. Pero nunca me dejó por completo. Y todo ese tiempo sabía que en realidad no se trataba del matrimonio en sí.
Tenía todo lo que había esperado. Y no era suficiente.

## UN SENTIMIENTO UNIVERSAL

Esa no fue la última vez que sentí este vacío pesado. Apareció otra vez en los días festivos, durante los viajes a Disneylandia, aun en los viajes misioneros. Después del nacimiento de cada uno de mis hijos, mientras algunas amigas sufrían de depresión posparto, yo estaba llena de euforia posparto. Pero incluso en medio de estas semanas gloriosas, sentía que algo importante me faltaba y que, de manera misteriosa, me jalaba aun en los momentos de mi máxima felicidad. Cuando todas mis oraciones se habían contestado, me sentía incompleta.

Fue mucho más que cuando la expectativa excede la realidad. Fue más que una decepción común y corriente.

El sentimiento era más profundo.

En 1986, la maestra Christa McAuliffe murió en la explosión de la nave espacial *Challenger*, persiguiendo su sueño, mientras yo me sentaba en un salón de clases persiguiendo el mío. Unos meses después, leyendo el nuevo libro de Harold Kushner, *Cuando nada te basta*, pensé en McAuliffe y cómo había logrado su sueño —hasta cierto punto—. Me decepcioné porque Kushner aconsejaba vivir en el momento, crear buenos recuerdos, arriesgarse. *Tener un hijo, plantar un árbol, escribir un libro.* Pero algo todavía no cuadraba.

Algo todavía me pesaba.

El año siguiente oímos en la radio la nueva canción del grupo U2: «Todavía no encuentro lo que busco.» Su letra inspirada por el evangelio invadía nuestros carros viejos, nuestros dormitorios universitarios, y nuestras tiendas departamentales. Con más de diez millones de vistas en YouTube, con nominaciones de Grammy para la mejor canción del año y mejor disco del año, y un lugar dentro de las 500 mejores canciones de todo tiempo, tiene que haber algo importante en el peso de este vacío universal.

## UN ANHELO INCONSOLABLE

*Sehnsucht* es una palabra alemana sin un término correspondiente en ningún otro idioma. Es, como la saudade, un anhelo profundo espiritual. Pero es un fenómeno aún más complicado. Al contrario de la saudade, que resalta la ausencia y el anhelo por algo que antes conocíamos, *sehnsucht* es un anhelo por algo del cual no conocemos nada.

En su famoso sermón, «El peso de la gloria», C. S. Lewis reconoció el *sehnsucht* como un «anhelo inconsolable» por «algo que no sabemos qué es»... Un deseo inquietante, indescriptible, que siempre nos dirige hacia algo más allá de nosotros mismos, más allá aún de esta vida.

«Pues esta aflicción leve y pasajera nos produce un eterno peso de gloria que sobrepasa toda comparación» (2 Corintios 4:17, LBLA). *Sehnsucht* es el peso de la gloria, mientras esperamos la Gloria.

Este peso de gloria es estar conectados con Dios y, al mismo tiempo, darnos cuenta de que es inevitable que sea incompleta mientras estemos en este mundo. Es estar completamente felices y todavía sentir la falta de la parte más importante de tu alma.

*Sehnsucht* es finalmente alcanzar aquello que tanto deseabas, solo para descubrir que no era lo que en verdad querías. Que el anhelo de tu alma consiste en mucho más de lo que puedes planear o controlar o aún comprender.

«Ningún ojo ha visto, ningún oído ha escuchado, ningún corazón ha concebido lo que Dios ha preparado para quienes lo aman». (1 Corintios 2:9, NVI).

## ENTENDER EL VACÍO

Tal vez donde más intensamente lo he sentido ha sido en mi travesía de salud. Cuando todo lo que había pedido en oración, todo lo que mis guerreros de oración habían pedido por mí, no fue suficiente. Tras mi primera mejoría inexplicable, me apodaron la "mujer milagrosa" de la Cleveland Clinic. Pero dentro de mí cargaba un peso. Era extraño y me hacía sentir culpable.

De mi diario:

*Dieciséis meses después de ser diagnosticada con insuficiencia cardiaca en su etapa final, sostenida por un aparato y un puño de medicamentos, el funcionamiento de mi corazón increíblemente ha subido hasta el límite más bajo de un rango normal. Debo estar súper feliz. Pero sigo sin entender porque no me siento nada como esperaba. Es extraño que todos estén tan felices y yo me detengo. ¿Qué me pasa?*

*Los doctores me están felicitando y dicen, «¡qué milagro!» No es nada menos que asombroso que siga viva. Estoy agradecida y asom-*

*brada por las montañas que se movieron a mi favor. Y nunca quiero olvidar lo que sucedió y cómo sucedió. Nunca quiero parecer desagradecida o indiferente. Es algo grande.*

*Sin embargo, hay un tirón dentro de mí que me dice que aún me falta algo. Ya no tengo ni la capacidad, ni la resistencia, ni la longevidad que tenía antes. Y aún así, no hay nada por lo que esperar ahora. Ya no hay para qué orar, qué intentar, nada más que pueda salvar la situación. Hay una posibilidad real de que ya nada será mejor que esto.*

Aunque lo que escribí en mi diario tenía que ver con mi salud y la falta de restauración completa, en un sentido es lo que todos sentimos en esta vida: restauración incompleta, plenitud incompleta. El peso de la gloria que nos jalonea porque todo lo que hemos deseado no nos basta.

Después de una búsqueda de décadas, más intensa en mis días buenos, he descubierto algo acerca de este peso de la gloria.

Tal vez la respuesta se encuentra no en buscarla en este lado de la eternidad, sino en reconocer que no la podemos encontrar.

Quizás el peso siempre tenía el propósito de acercarnos a nuestro hogar con Él.

Y, por lo menos por ahora, tal vez la Gloria exista dentro del peso mismo.

DÍA 9

# La fe del cuarto de servicio

Funcional en lugar de atractivo, no era de sorprenderse que nos referíamos a ese cuarto como el cuarto de servicio o de utilidad. Cuando, al remodelar la casa, quedamos sin garaje, este pequeño cuarto se convirtió en lavadero y bodega general. Ahí vivían la lavadora, secadora y nuestras botas lodosas, y también mis perritos salchicha la mayoría del tiempo. Cuando no estaban atados al tendedero para mantenerlos fuera del camino de los camiones y maquinaria de la granja, los recluía en el cuarto de servicio.

Con el propósito práctico de su protección.

Aunque crecí en una granja de trigo grande en Kansas, reduje su mundo a un espacio de un poco más de dos metros cuadrados. Hice lo mismo para otras mascotas. Metí a los conejos en una conejera pequeñita, los gatos en el closet donde guardábamos la leche.

Muchas veces he pensado en cómo tenía tanto temor que una de mis mascotas muriera. De hecho, todas lo hicieron. Algunos aún en la misma calle de la cual traté de protegerlas.

## EL TEMOR DE LA MUERTE

El convertirme en madre o en una paciente de insuficiencia cardíaca no ayudó a apaciguar este temor. Aunque traté de no dejar ningún rastro, el temor familiar me volvió a alcanzar en mis años de adulta.

El escritor del Nuevo Testamento me describía a mí cuando hablaba acerca de "los que se pasaban la vida con miedo a la muerte." (Hebreos 2:15 TLA).

Me supongo que el Espíritu incluyó este versículo porque conoce nuestra lucha.

La muerte es inevitable, se siente como algo final, y se siente desconocido.

Tal vez se parece a lo que todos experimentamos en la reciente pandemia, temblando en un mundo lleno de recordatorios de nuestra propia mortalidad. Las imágenes estremecedoras que vimos de camiones refrigerados que recogían los cuerpos en la ciudad de Nueva York confirmaban que aun los países altamente desarrollados enfrentaban la muerte inesperada e incontrolable. Nuestro temor crecía mientras se acercaba más y más el monstruoso virus.

De acuerdo con algunas traducciones de la Biblia, este temor de la muerte nos puede esclavizar. Aun cuando ese temor es justificado.

Y a veces, no solo nos acobardamos ante nuestra propia muerte, sino que puede ser el miedo de perder a algún ser querido, como a mis perritos en el cuarto de servicio.

De cualquier forma, nos aislamos y hacemos cualquier cosa para controlar ese temor.

## ENCOGIÉNDOSE PARA SALIR ADELANTE

Un amigo doctor me dijo temprano en mi diagnóstico de insuficiencia cardíaca que el corazón es el único músculo en el cuerpo que no puede repararse a sí mismo. Una vez dañado, se puede compensar en otras maneras o puede depender de medicamentos o aparatos mecánicos, pero no se sana. En cambio, se forma un tejido disfuncional de cicatriz. A diferencia de los huesos que se sanan o los tendones que se reparan a sí mismos, el corazón no produce nuevo tejido. Una vez que se daña, ya se dañó. El corazón no se puede regenerar.

Cuando aprendí esto, me eché para atrás como cobarde. Quería creer que tenía la mitad de mi vida por delante, pero mi corazón nunca sería lo que antes era. Solo podía avanzar cojo. Entonces, me propuse conservar el número de latidos que me quedaban. Viví días cortos sin eventos para ahorrar los latidos de mi corazón. Sentí que todo se puso en cámara lenta. Sentí como los días pasaron de ser prósperos a algo mucho más pequeño.

Como seguramente lo hicieron todas mis mascotas, aprendí pronto que ese era un territorio peligroso y apretado como para establecer mi residencia permanente —para mí y para todos mis seres queridos—.

Meses después de sufrir su propio caso de COVID, mi esposo finalmente se puso sus tenis para correr, contra mi consejo. Mientras lo hizo, yo recordaba el aneurisma aórtico leve que recién le habían detectado, y recordaba las palabras de una de mis autoras favoritas, Ann Voskamp: «Vas a tener que descubrir cómo vivir sin saber cuándo vas a morir.»

## ÉL HA ESTADO AHÍ

Dios entiende nuestra tendencia a acobardarnos y encogernos. Su Libro tiene mucho que decir acerca del temor y la muerte. Pero aún más que estas preocupaciones, sus páginas abundan con esperanza desenfrenada.

Y la noticia de más esperanza es esta: Dios está en su mejor momento cuando estamos en nuestro peor momento.

Él es más grande cuando nuestro mundo parece más pequeño.

A lo largo del libro de Hebreos, el mensaje es que Jesús es más grande —más grande que cualquier tradición, cualquier persona, cualquier temor— aun la muerte. Al quebrantar el poder de la muerte, nos sacó de nuestro pequeño mundo de temor a su reino ilimitado de esperanza. Aquel que se metió a las profundidades de la muerte por nosotros nos mostró que no tenemos nada que temer.

«Nosotros somos seres de carne y hueso. Por eso Jesús se hizo igual a nosotros. Sólo así podía morir para vencer al diablo, que tenía poder para matar a hombres y a mujeres. Con su muerte, Jesús dio libertad a los que se pasaban la vida con miedo a la muerte» (Hebreos 2:14,15 TLA).

Aun así, Jesús sí murió, y la mayoría de sus seguidores también. No libró a los hijos de Dios de la expectativa de una muerte física, sino del temor de la muerte.

He aquí el asunto: no se puede librarnos de algo si nunca hemos sido atados por ello.

Entonces, parece que no se puede librarnos del temor si no sentimos temor primero.

## SINTIENDO EL TEMOR

Hasta en sus mejores días, mis alegres perritos estaban atados a una cuerda de seis metros del tendedero —una idea ingeniosa mía para darles un poco de libertad durante el día—.

Fue un intento débil para ampliar su mundo.

Cuando llegaba de la escuela, los perros solo podían moverse unos cuantos centímetros. Inevitablemente corrían alrededor de los palos del tendedero, amarrándose y apretándose sin poder hacer nada. Nunca entendí porque no podían desenrollarse de su predicamento.

Vivimos una gran parte de la pandemia, y aun de nuestras vidas, de la misma forma: enrollados, apretados, corriendo en círculos para escapar del temor.

El temor del virus.

El temor de una vida siempre cambiante.

El temor de que algunas cosas nunca cambiarían.

Pero la enfermedad crónica me enseñó algo que no podía ver en aquella época para proteger a mis mascotas. Que a veces sentir temor es justo lo que necesitamos… para recordar vivir.

De mi diario:

*Cada vez que mi corazón brinca o tiene un espasmo, cada vez que la alarma del desfibrilador me advierte, me detengo de mi vida ocupada para un breve segundo, pongo mi mano sobre mi corazón débil, y recuerdo qué tan corta e impredecible puede ser la vida. Recuerdo que la vida es un regalo. Recuerdo que es una línea fina que caminamos entre el supermercado y la eternidad. Recuerdo a toda la gente que me va a recordar. Recuerdo que debo recordar. Ese es el regalo que Jesús quiso para nosotros en la Última Cena y cuando Noé salió del arca para ver el arcoíris hermoso y cuando los Israelitas apilaban rocas junto a la orilla del río Jordán. Si podemos recordar, podemos asirnos a lo que conocemos de Dios y de Su milagro corto, pero dulce, que es la vida humana. Y podemos seguir adelante mientras mantenemos un pie en este lado del cielo.*

La esperanza es una historia que no podemos recordar completamente sin pensar en el temor. Si cambiamos como vemos este temor y pasamos menos tiempo encogiéndose en temor y más tiempo enfrentándolo, recordaremos que debemos recordar a nuestro buen Dios, y una transformación aún más grande sucederá en nosotros.

## LIBRES

El admitir nuestra impotencia sobre la muerte nos libera del temor de ella.

Los psicólogos están de acuerdo, el temor instruye, y señala los peligros. Esto nunca ha sido más cierto que cuando estamos luchando con el temor de la muerte.

Cuando nos abrimos al temor y la realidad de la muerte, nos liberamos de la esclavitud de cargar el peso de lo desconocido. Si reconocemos nuestra muerte inevitable esto nos libera para poder vivir en lugar de constantemente preservar y proteger. Al mover de la defensa a la ofensa, cambiamos nuestro enfoque de escapar del deceso a encontrar lo divino.

J. Todd Billings dijo: «En los días difíciles y en los fáciles, entre el gozo y el dolor, he llegado a recibir con brazos abiertos los recuerdos de la mortalidad como regalos extraños pero buenos. Me estabilizan como un mortal ante Dios.»

No es una tarea fácil. Requiere una profunda esperanza y una fe de uso habitual para reconocer que el estado final de nuestros cuerpos no será la medida de nuestras vidas. Y al darnos cuenta de esto, estamos admitiendo que la narrativa de la historia de Dios es mucho más grande que el breve capítulo de nuestra propia vida.

Sea que vivamos unos cuantos años o más de diez décadas, debemos mirar todo a través de un lente gran angular. «Tal como salió del vientre de su madre, así se irá: desnudo como vino al mundo» (Eclesiastés 5:15a NVI).

## LA UTILIDAD VERDADERA

Además de los perros, nuestro cuarto de utilidad tenía un closet lleno de herramientas de mano y de abrigos calientitos y desgastados. Había dos contenedores verdes para basura y un lavabo azul claro con una barra de jabón Lava en la esquina. Si se necesitaba una lata de aceite WD-40, el congelador para helados, o una pinza para la ropa, ahí se podía encontrar.

*Utilidad* se refiere a algo práctico y útil. Pero mis estudios de negocios me recuerdan que el concepto de utilidad también se usa para representar valor.

Aquel espacio pequeño nos era útil para contener a los perritos y cosas esenciales para la granja, pero tal vez había más en su valor verdadero.

Quizás la verdadera utilidad del cuarto es cómo representaba la transformación de mi fe, de una que se parecía una prisión de mascotas, acobardada y temerosa de la muerte, a una más completa.

Una fe para la vida real, todavía la mayoría del tiempo más funcional que atractiva.

Sin embargo, ahora una fe desatada y liberada.

Una fe que se expande, que enfrenta al temor, que acepta la muerte y que produce esperanza.

DÍA 10

# Agarrar sin apretar

Hace algunos años, al acercarse la época de Adviento, empecé a sacar un poco de los adornos navideños. En el ático, encontré una página que había guardado de un libro navideño para colorear. Un dibujo del niño Jesús con sus papás bajo la estrella de Belén, el cual había coloreado cuidadosamente mi hija de tres años y sobre el cual había colocado una calcomanía de un pollito. El pollito parecía fuera de lugar, fuera de temporada, con María, José y el Niño Jesús. Pero bueno, siempre le habían encantado los animales y, ¿quién sabe?, tal vez había pollitos en aquel pesebre.

Cada vez que mi hija visitaba un zoológico interactivo cuando era niña, le encantaba ver los pollitos. A mí me daba miedo; no por mi hija sino por los pequeños pajaritos. Sabía que, o (1) los iba a agarrar sin apretarlos lo suficientemente y se caerían al piso dañando sus cerebritos, o (2) los iba a agarrar demasiado fuerte y los iba a aplastar. Noventa y nueve por ciento del tiempo, la segunda preocupación resultó más válida.

## AFLOJAR EL CONTROL

Cuando amamos y valoramos algo es natural que lo mantengamos cerca y lo tratemos de proteger. Nos aferramos a lo que más atesoramos. Y la mayoría de las veces, el apretón puede arruinar el tesoro. Tal como con el pollito, o con el botín de dulces de la piñata muchos meses después de la fiesta, nos aferramos a algo con demasiada fuerza y al final de cuentas, la cosa pierde su valor.

Pero tampoco podemos soltar completamente al objeto de nuestro profundo amor.

En cambio, tenemos que aprender a agarrarlo sin apretar. Suena más fácil de lo que es.

Escribí en mi diario después del segundo empeoramiento significativo en el funcionamiento de mi corazón, tres años después de mi diagnóstico.

*Parece que las pérdidas que he sufrido me han hecho aferrarme más a lo que todavía tengo. Estoy desesperada por confiar en el proceso, en los resultados, pero siento que todo se me escapa de las manos cada vez más rápidamente. Ahora hasta el electrocardiograma me da miedo porque el deterioro me aterroriza. Creo que es mejor no saber. Me siento como el gato en el poster del cuarto que compartía con mi hermana cuando éramos niñas, con sus garras aferrándose a una cuerda con nudos. La imagen decía: "Cuando llegues al fin de la cuerda, haz un nudo y agárrate con todas tus fuerzas."*

*Contrario a nuestra naturaleza, Dios nos llama a agarrar nuestras bendiciones sin apretar: trabajos, salud, relaciones, familia, seguridad económica. Nos pide aflojar el agarre de puños apretados sobre estas cosas y de aferrarnos a él. Debemos agarrar a todo lo demás (y a todos los demás) sin apretar.*

Nadie entendía esto mejor que Job. Job tenía a sus hijos y sus propiedades y su riqueza, y de repente no tenía nada. «El Señor ha dado; el Señor ha quitado. ¡Bendito sea el nombre del Señor!» (Job 1:21b).

Job sabía lo que era amar profundamente. Cada mañana se levantaba para ofrecer sacrificios a Dios por si acaso sus hijos habían pecado sin querer. Siempre honraba a Dios, y creo que lo lograba solo porque sabía cómo agarrar todo sin apretar.

Job sabía que el potencial que Dios tiene para una vida solo puede yacer en la palma de un puño flojo. Honrar a Dios requiere que la mano se quede abierta, aun después de recibir una bendición, porque las bendiciones no pueden tomar el lugar de Dios o de su santa voluntad.

# DESVIACIÓN DIVINA

Al aflojar el agarre que tenemos sobre las cosas, reconocemos que Dios sabe más y que tiene mejor cuidado de nosotros (y de nuestros hijos) de lo que nosotros pudiéramos tener. Así estamos diciendo a nuestro Padre, al que se ha mostrado fiel, que *confío en Ti más de lo que confío en mí mismo*.

## SOLTAR EN LA VIDA REAL

Mi hija, amante de los pollitos, creció y asistió a la universidad en el sur de California, a casi 2500 kilómetros de la casa. Unas semanas antes de descubrir su dibujo en el ático, yo estaba navegando por las redes sociales cuando vi una publicación de su compañera de cuarto, pidiendo oraciones para las víctimas de un tiroteo. Sentí como si se formara y se ensanchara un gran abismo en mi estómago. Tan rápido como lo permitiera mi internet, empecé a buscar en Google cualquier información.

Vi cómo lo impensable se desplegaba en la pantalla de mi computadora y luego en el noticiero nacional durante el día. Trece personas asesinadas en un tiroteo, una jovencita de la universidad de mi hija se contaba dentro de las víctimas en una discoteca popular estudiantil.

La tragedia sucedió a unos minutos del departamento de mi hija cerca del campus. Era uno de los lugares más seguros del país, hasta ese día.

¿Qué podía decirle a mi hija, quien estaba tan lejos, acerca de algo que ni yo ni ella podíamos entender?

Mi corazón de madre hizo lo que hacen todos los corazones maternos, y se quebró pensando en mi hija. Tal como lo hace Dios con nosotros, sentimos lo que sienten nuestros hijos, sea que elegimos intervenir o no. Sangramos por ellos al intentar salvarles de este mundo caótico.

Solo quería poder abrazarla fuertemente y mantenerla al alcance de mi vista.

Justo unas horas después de tratar de consolarla lo mejor que pude, me llamó para decirme que estaban bajo un orden de evacuación obligatoria debido a un incendio forestal cercano. Le dije que no se preocupara por las cosas pequeñas: «Lleva lo que necesitarías para un viaje de una noche». Estaba segura de que solo estaban evacuando a los estudiantes por precaución.

No era la primera vez que mi instinto maternal me fallaba. Y seguramente no será la última.

Luego llegaron las fotos de los departamentos rodeados en llamas, bomberos corriendo con mangueras hacia los montes cercanos, con todo el campus bajo un asedio ardiente. Cientos de casas llenas de recuerdos y negocios ganados con esfuerzo ya no existían. Fue algo inesperado, sin precedente y difícil de creer, aun para los que estaban acostumbrados a los incendios forestales del sur de California.

Miraba incrédula a los noticieros reportar como los estudiantes se refugiaban en la biblioteca universitaria, las llamas visibles en las ventanas del edificio. Pasé varias noches en la cama con mi teléfono, viendo reportes desde helicópteros en vivo del desastre, evaluando la contención del incendio, esperando la próxima llamada o mensaje de texto.

Por fin se acabó la pesadilla y mi hija adulta salió del avión, llegó a la casa y cayó en mis brazos. Estaba muy consciente de que la hija de otra mamá no podía hacerlo, y que muchas otras familias, tan familiares como la mía, ya no tenían una casa a donde llegar.

Cuando llegó mi hija a casa, solo llevaba la ropa que llevaba puesta y una blusa extra. No podía esperar a quitarse las calcetas que llevaba puestas desde hacía cuatro días. Aún así, como dijo ella, su situación fue la mejor de los casos; ella había salido con suerte.

## AGARRAR CON LA MANO ABIERTA

Aquella misma niña quien aprendió a agarrar al pollito sin apretar, también estaba aprendiendo a agarrar otras cosas sin apretar. Y, al volver a leer la historia de las pérdidas catastróficas de Job y de su fe inamovible, también lo estaba aprendiendo yo.

Después de Acción de Gracias, la envié de regreso al quemado sur de California. Unos días después volvieron a cancelar clases y los mandaron evacuar debido a unos deslaves e inundaciones. Advirtieron que había escombros peligrosos fluyendo por las montañas de Santa

Mónica justo donde ella manejaba cada día para llegar al campus. En lugar de entrar en pánico, tuve que abrir mis manos y agarrarla sin apretar figurativamente. Y me di cuenta de que esto aplicaba a casi todo en la vida.

Revisando las fotos que tengo en mi teléfono del incendio, encontré otras donde agarraba y soltaba las manos de mis padres, al saber que mi padre de ochenta y tres años iba a iniciar otra serie de radioterapia, sin saber que mi madre de ochenta y tres años iba a renovar su lucha con un dolor debilitante. Y esto me recordó mi propia situación de salud fuera de control.

Mientras recordaba los detalles de la dura experiencia de mi hija, pensaba en un mundo de personas que enfrentan los días festivos sin sus seres queridos, buenos amigos y hermanas que han enterrado a sus hijos y a sus esposos y las vidas que antes conocían. Pensaba en los miles de personas que han perdido casas y seguridad. Son ritmos brutales de agarrar y soltar, y un dolor que no puedo pretender comprender.

Y volví a pensar en cuando solté a mi hija después del abrazo final para que pudiera subirse al avión y regresar a la universidad tras las tragedias, y tuve la tentación de agarrarla con fuerzas. Pero la vida me había enseñado que debía soltarla, porque solo al soltar podemos recibir las bendiciones que Dios quiere para nosotros y para nuestros hijos.

Por incomprensible que parezca, las manos abiertas nos preparan para un mayor potencial que podríamos ignorar. Como lo dice David Benham, «Dios no te va a dar lo que está en Su mano hasta que sueltes lo que está en la tuya».

Porque cuando abrimos nuestras manos, creamos un espacio para Él.

## BALANCEAR EL AMOR Y SOLTAR

Quizás toda la vida se trata de aprender a soltar, aflojar nuestro agarre para no apretar.

El Adviento nos ayuda a ver lo que Job ya sabía, que el amor profundo y el agarrar sin apretar son iguales. «Porque tanto amó Dios al mundo» (Juan 3:16 NVI) son palabras llenas del Espíritu de un Autor que sabe lo que es soltar a un Hijo. Al enviar a su Hijo perfecto, Dios demostró el amor no apretado y nos lo extendió a nosotros. Su amor sustentador, amarrado a cada uno de nosotros por los hilos flojos del libre albedrío. Se nos garantiza el amor sin límites si elegimos crear espacio para Él en nuestras manos abiertas.

Dios entiende que el amor profundo y el agarrar sin apretar requiere un equilibrio cuidadoso. También empecé a entenderlo en un contexto más amplio.

Desempacando más de los adornos navideños, encontré una caja de mis favoritos, los que había envuelto con especial cuidado. La envoltura de plástico de burbujas se estropeó con el calor del ático en el verano y mis tesoros se habían echado a perder. Había perdido lo que tanto había intentado proteger. Enderecé el dibujo arrugado del libro de colorear, con el nombre de mi hija escrito cuidadosamente y la calcomanía fuera de temporada que tenía. Calcando las líneas de crayones, pedí a Dios por su seguridad y que pudiera regresar a casa para la navidad.

Que alivio que no había sobreprotegido lo que ahora consideraba su obra maestra, y que, en cambio, lo había agarrado sin apretar.

Y ahora también apreciaba de manera nueva la calcomanía que mi sabia hija de tres años había elegido hace tantos años. Tal vez el pollito no estaba fuera de lugar en medio del pesebre después de todo.

DÍA 11

# Anticipar días buenos y malos

Yo había planeado y esperaba un muy buen día. Apenas estaba empezando a salir del capullo de mi timidez, cuando mi mama me bordó un vestido con apliques. Me encantaba todo lo del vestido: el dobladillo cuidadoso, los botones brillantes y, sobre todo, la figura de Humpty Dumpty formada con pedacitos de tela en la parte delantera. Era una obra de arte y un regalo único. Sentía cómo mi meta de ser más popular se iba acercando más y más. Entonces, lo guardé hasta justo el momento apropiado para estrenarlo con mis compañeros del tercer grado.

Aquel día, mientras los alumnos de la señora Voran se formaban en orden alfabético para salir al almuerzo, miraba yo las puntadas perfectas y los colores vibrantes y encantadores. Estaba segura de que también todos lo notarían. Disfrutaba el resplandor del día maravilloso.

Hasta que sucedió lo inesperado justo antes de llegar ante la maestra que supervisa la asistencia en el almuerzo.

No tenía idea yo de que el niño detrás de mí en la fila no se sentía muy bien. Parece que se contuvo hasta percibir los olores de la cafetería. Sin previo aviso, sentí una ola asquerosa en la parte trasera de mi vestido, seguido por expresiones de más asco de parte de los que nos observaban. Al voltearme, noté que el niño ya se sentía mejor, pero mi día había tomado un giro abrupto. De inmediato, la maestra me acompañó a la oficina donde no logramos localizar a mi mamá por teléfono. La señora Voran, con determinación y con unas servilletas tiesas de color marrón y el jabón líquido rosa del baño de niñas, intentó borrar la evidencia. Ambas sabíamos que era inútil.

Volví al salón de clases envuelta por un sentimiento de humillación, un vestido mojado y una cacofonía de olores. Sufrí las últimas tres horas de la escuela y el transporte escolar a la casa hasta por fin poder cambiarme de ropa.

No fue el día bueno que anticipé al planear como «el día para estrenar mi nuevo vestido».

## ESPERAR LO MEJOR

Eso sucedió en 1974. Pero mis expectativas no han cambiado mucho, aun después de tantos años.

Como mi vestido nuevo, cada año nuevo conlleva una promesa de buenos días. Y si tú eres como yo, esperas que los buenos días sean la norma en lugar de una excepción.

Cada enero, las hojas rígidas e inmaculadas de la agenda que seleccioné con cuidado rebosan de potencial. Puedo imaginarla llena de fiestas sorpresas y reportes médicas animantes, vacaciones familiares y fechas de grandes ofertas en línea. A pesar de mis expectativas, después de décadas de vida, sé lo suficiente como para reconocer que, junto con las bendiciones, unas lágrimas caerán sobre aquellas hojas.

Sobre cuáles, no lo sé.

Pero habrá angustia.

Porque, aunque mi agenda es nueva, mi vida no lo es. Y todavía Él tampoco ha venido para hacer nuevo nuestro mundo. Por lo tanto, tengo las mismas preocupaciones, las mismas cuentas, la misma enfermedad.

Y tú, como yo, lo has experimentado.

Aquel día en el tercer grado fue un mal día para mí.

Pero tuve otros, mucho peores, después.

Uno de mis compañeros de la escuela murió en nuestro primer año de bachillerato. La mamá de mi mejor amiga falleció después de

## DESVIACIÓN DIVINA

luchar contra el lupus. Mi propia mamá fue diagnosticada con cáncer de mama. Un niño de la comunidad se sofocó en un accidente en una granja. Divorcios, rehenes, devastación financiera, tornados, accidentes automovilísticos. Todos se volvieron parte de mi mundo antes de graduarme del bachillerato.

Y cada uno de ellos me sorprendieron, me dejaron sin aliento, y me hicieron cuestionar a Dios y cómo pudo dejar que todo esto sucediera. Los días malos son tan difíciles porque se consideran raros, como un fallo técnico, y, por lo tanto, nos agarran desprevenidos y nos duelen más, como un puñetazo en el estómago cuando estamos relajados.

### AJUSTANDO LAS EXPECTATIVAS

De mi diario:

*En mi última visita a la Cleveland Clinic, mi cardióloga me dijo: «Estarás consciente de que tienes insuficiencia cardíaca cada día del resto de tu vida. Tendrás días buenos y días malos». Ella tiene razón. Los días malos los paso en el sofá con una cobija y con mi perrita Perla. Aunque quisiera que esos días no vinieran, ya no me sorprenden. Aunque nada haya cambiado en mi tratamiento o mi condición desde el último empeoramiento, de alguna forma me siento mucho mejor porque me advirtió de los días malos. Y confío en ella aún más porque su advertencia se empareja con mi experiencia.*

Dios nos advirtió de lo mismo.

Eclesiastés es un libro extraño (aun cínico) que describe a detalle el mundo caído. El hecho de que se incluyera en las Escrituras se ha debatido fuertemente por siglos. Pero estoy agradecida que sí lo incluyeron. La honestidad que se encuentra en el libro ha fortalecido mi fe en un Dios confiable, porque he hecho muchas preguntas similares y he experimentado las mismas frustraciones.

Pasamos mucho de la vida tratando de protegernos y a nuestras familias de los malos días, pero la verdad es que de todos modos vendrán. Dios no dijo que iba a proteger a ninguno de nosotros de ellos. De hecho, por medio de Eclesiastés, nuestro fiel Padre quiere que entendamos justo lo opuesto.

El resto de las Escrituras confirman esto al leerlas de la forma correcta.

«Él hace que salga el sol sobre malos y buenos, y que llueva sobre justos e injustos» (Mateo 5:45b NVI).

«¿Aceptaremos el bien de Dios, pero no aceptaremos el mal?» (Job 2:10b NBLA).

«Aunque pase por el valle de sombra de muerte» (Salmo 23:4a NBLA). En este mundo roto que anhela el cielo, nuestra historia contendrá días malos. Ningún plan o preparación lo podrá evitar.

Hasta la Historia Eterna se lee así.

No termina con un bebé tranquilo en un pesebre, sino que termina con una tumba vacía después de un viernes muy sangriento. Si no fuera por el día más tenebroso de la historia humana, no conoceremos la Gloria, el día que absorba todos nuestros propios días malos.

### REDEFINIR LO BUENO

En el camino, Dios quiere que entendamos que un día bueno realmente no tiene nada que ver con lo que sucede a nuestro alrededor, y que tiene todo que ver con lo que sucede por dentro. Las oraciones de Pablo en la cárcel nunca contienen peticiones por un cambio de circunstancias, sino siempre se enfocan en el corazón del que sufre. Pablo conocía un secreto que innumerables creyentes han descubierto: que aquel vestido manchado, aquella situación rota, aquel día devastador no pueden alcanzar a un corazón transformado.

Después de buscar una renovación física duradera de mi corazón, algo más milagroso y duradero sucedió: una renovación espiritual.

Como dijo Paul David Tripp: «Ten cuidado de cómo le das sentido a la vida. Lo que parezca un desastre puede, de hecho, ser gracia. Lo que parezca el fin puede ser el comienzo. Lo que parezca sin esperanza puede ser el instrumento de Dios para darte una esperanza real y duradera».

Quizás, después de todo, todos aquellos días malos inevitables hayan sido una herramienta para cambiar corazones, para darnos algo permanente al que aferrarnos.

Es asombroso que el diseño de mi vestido tenía que ver con Humpty Dumpty, porque me sentía rota al volver al salón de clases.

Ahora parece tonto, pero no sabía si iba a poder volver a ser completa en los ojos de mis compañeros de clase. Me sentía como una persona diferente que cuando había salido de casa con ese vestido planchado y envidiable. Y lo era, pero no como pensé al principio. Desde ese incidente en la cafetería, me he fijado más en el dolor ajeno, y he buscado una seguridad más perdurable.

Todo esto sucedió por dentro debido a lo sucedido por fuera.

Todo en un día que jamás hubiera planeado.

Dios nos llamará a cada uno de nosotros para ejercitar nuestra fe de grano de mostaza a lo largo de un camino imposible durante el año venidero. Sucederá en unos días llenos de dolor. Eso lo podemos esperar.

Aquel día del vestido decepcionante empecé a aprender una lección que sigo aprendiendo hasta el día de hoy: debemos hacer planes y propósitos que no tienen que ver tanto con quienes aspiramos ser por fuera sino con quienes Dios quiere que seamos por dentro.

Y a veces esto requiere pasar por algunos días muy malos.

DÍA 12

# El tamaño de la pérdida

Soy aficionada apasionada de los árboles, especialmente de los grandes y viejos.
Buscamos casi dos años antes de encontrar una casa con un jardín lleno de robles maduros. Mi hija se casó bajo sus ramas. Ese era mi lugar de felicidad.
Pero, como hijos grandes que vuelan del nido, los árboles han ido desapareciendo. Algunos por su edad, unos pocos por enfermedad, y aún otros después de unas tormentas de hielo. Perder uno cada par de años no nos parecía tan doloroso o notable.
Recientemente, cinco robles de treinta metros se cayeron en nuestro patio trasero y destruyeron a, por lo menos, el mismo número de árboles más pequeños a la vez. Las raíces mojadas y poco profundas no podían contra el viento fuerte de agosto. Uno sucumbió al peso y cayó como ficha de dominó contra los demás. Desplomándose uno por uno, nuestro jardín se convirtió en un panteón de árboles más viejos que cualquier miembro de la familia.
Es una escena sombría y aleccionadora.
Me recuerda otra vez como una pérdida puede ser rápida y aplastadora y fuera de nuestro control. Esos troncos gigantescos horizontales me hacen sentir tan pequeña e impotente mientras yacen como dragones asesinados a lo largo del jardín. Parece como si el reino se hubiera caído.
La destrucción del jardín entero es demasiado para contemplar.

Ahora mismo, mientras esperamos que lleguen los trabajadores sobre solicitados, estoy tratando de voltear la vista. Finjo no ver las hojas marchitas y los cráteres donde se han arrancado décadas de crecimiento, para protegerme de una pérdida que puedo redimir. No había ni dinero, ni habilidades ni súplica que pudieran corregir todo eso. Aun después de limpiar todo el caos, nada volverá a ser como era antes.

## LA TRAMPA DE COMPARACIÓN

Pero en medio del dolor, me digo a mí misma: *Solo son árboles. Gracias a Dios nadie salió herido. Hay otras familias que no tuvieron tanta suerte.*

Esta misma semana una niña de siete años se encuentra en un hospital en Wisconsin, con miles de personas orando por ella, pidiendo que se sanara de una herida cerebral traumática por un extraño accidente.

Mi hija me manda mensajes de texto con fotos de otro incendio en Malibú que puede ver desde el campus de la universidad. La comunidad sigue temerosa tras el incendio masivo Woolsey que devastó casi 40.000 hectáreas, 1500 edificios, y tres vidas.

Al escribir esto, una tormenta amenaza la costa este de los Estados Unidos como un huracán de categoría cuatro y decenas de ciudades se preparan.

Empiezan los funerales para las víctimas de otro tiroteo en Texas.

Una amiga de mi familia está enfrentando el cáncer de su esposo por segunda vez. Otra amiga querida tiene que reinventar una vida sin su esposo a quien perdió por cáncer hace unos meses.

¿Y a mí me preocupa que mi jardín trasero se destruya?

Me he caído en la trampa de la comparación con otros en mi enfermedad. Escribí en mi diario:

*No me deja de sorprender que mucha gente, con sus propias vidas y preocupaciones y angustias, siga orando por mi cada día. Esto realmente me da pena. He tenido mi tiempo en la lista de oraciones, y ahora debe ser oportunidad para alguien nuevo, más enfermo, con más necesidad. A veces es bueno quitar el enfoque sobre mi salud, pero nunca puedo encontrar confort en la enfermedad de alguien más o en*

## DESVIACIÓN DIVINA

*el hecho que su situación de vida sea peor que la mía, porque siento que cargo un poco de su preocupación en mi corazón también. Y esta trampa muerde en ambas direcciones. A veces, después de cuatro años con la insuficiencia cardíaca, creo que la gente tiene miedo de contarme sus angustias porque piensan, «¿cómo pueden mis preocupaciones compararse con las suyas?»*

### CUALQUIER PÉRDIDA ES SIGNIFICATIVA

Nuestra pérdida no se puede compensar por la pérdida mayor de alguien más. Y el sentir nuestra pérdida no descarta el dolor de los demás, porque de alguna forma todos compartimos cada pérdida. Por eso los tiroteos y el cáncer de niños nos duelen tanto, aun cuando no conocemos a las víctimas.

La pérdida nos une como parte de la misma historia divina en maneras distintas, aun cuando nuestra pérdida pareciera no ser humanamente significativa.

Las Escrituras nos dicen quién es el Autor: un Dios que, en lugar de amarnos desde lejos, siempre elige ser parte de lo pequeño de nuestras vidas. Él es un Dios del cuidado de quien nada se escapa, un Dios que sabe cuándo un solo gorrión cae del cielo, o cuando un solo cabello se cae de mi cabeza.

O cuando los árboles caen en mi jardín.

Jesús nunca dijo: *Para calificar para mi paz y gracia, tienes que comprobar el tamaño de tu pérdida.* Él dijo: «Vengan a mí *todos* ustedes que están cansados y agobiados; yo les daré descanso» (Mateo 11:28 NVI, sin cursivas en el original).

Él trató el milagro del vino en la boda con el mismo cuidado e inversión que cuando levantó de la muerte a la hija de Jairo.

En la economía de Jesús, no hay deducibles; toda pérdida es significativa y digna de cubrir.

Él sabe que en cualquier pérdida se trata de más que la cosa perdida; se trata de los recuerdos de lo que era y de los planes de cómo iba a ser la vida por delante. Como al plantar un árbol: esperamos que siempre esté presente para proveer sombra y abrigo y belleza.

LORI ANN WOOD

## AUN LOS ÁRBOLES IMPORTAN

Mis árboles le importan a Dios.

Después de todo, los árboles siempre han jugado un papel principal en Su historia de pérdida y redención.

Se mencionan en la Biblia más que cualquier otra cosa viva a parte del hombre y de Dios mismo. Como notó Matthew Sleeth en su libro *Reforesting Faith*, cada evento importante en la Biblia se marcó por un árbol o por alguna parte de uno: una rama, una semilla, un arbusto, aun un tocón. Los árboles nos hablan de nuestras vidas y nuestro lugar en el creciente reino de Dios. Un árbol es un proyecto de largo plazo, como el compartir la fe, esperando que forme raíces, esperando que provea refugio.

Y tanto el árbol del Edén como el del Calvario introducen la pérdida profunda necesaria para entender el poder de Dios por medio de esa fe.

Dios nunca nos pide ignorar una pérdida. Nunca se voltea, y tampoco lo debemos hacer nosotros, porque al sentir la pérdida, al ver el vacío, llegamos a comprender la gran necesidad que tenemos de Él, en cada aspecto de nuestras vidas.

Así que experimentaré mi pérdida y seré diferente por ello. Agradeceré a aquellos que plantaron o preservaron mis árboles hace tantos años. Me comprometo a plantar un árbol que tardará un siglo en crecer; uno que nunca podré ver trepar a un niño o bajo el cual una familia descanse. Avanzando hacia un futuro con un pie que jamás tocará su suelo ajeno, pero con una fe compartida que ayudará a otro en su viaje cargado de pérdidas.

Cualquier pérdida que enfrentamos, aun si parece pequeña en comparación a los demás, no es pequeña para Jesús. Y podemos saber que nuestro poderoso Dios ya está trabajando para hacer todo nuevo.

Al recuperarnos de todo tipo de pérdida, somos cada uno una parte única en Su historia redentora.

Tal como mi jardín será por muchos años más.

DÍA 13

# Lo que dura para siempre

Ella no estaba destinada a durar para siempre.
Pero no lo sabía.
Porque crecí en una granja, era raro que un vendedor ambulante llegara a la casa. Por lo tanto, mi madre siempre le daba la bienvenida a la señora que vendía productos Avon. Mi mamá compraba cosas prácticas como bálsamo labial, crema para la piel o aceite de baño, pero en algunas ocasiones memorables, aunque eran días ordinarios, de alguna forma lograba yo conseguir algo especial.

Como un jabón en forma de Petunia Pig que colgaba de una cuerda.

Recuerdo como agarraba la cosita rosita del tamaño de un huevo entre mis manos con gratitud. Me maravillaba de su carita gordita y su olor perfecto. Estaba enamorada.

Mi hermana mayor me insistía por meses que pusiera a Petunia en la tina con nosotras cuando nos bañábamos, pero no aguantaba pensar que se derretiría si lo hiciera. Le hice una cama en una caja de cerillos, sábanas de unos pañuelos desechables, y le prometí que la protegería por siempre.

Pero hubo una falla en mi plan. La cuerda que colgaba de Petunia me quedaba perfecta como pulsera y la tentación de girarla por todos lados me ganó. Petunia se pegaba contra los marcos de las puertas y los gabinetes, contra la televisión y la chimenea. Noté por primera vez como se encogía sus orejas, su carita ya no estaba tan definida, su hocico asimétrico, y me espanté. Una noche, mientras tuvimos nuestra plática de tres minutos que solíamos tener antes de dormir, mi papá me explicó que ella estaba hecha de jabón. Con ternura me ayudó a entender una verdad dura: ella no se había hecho para ser indestructible.

## DISEÑADO PARA DISOLVERSE

Luego, en las clases que tomé de negocios en el posgrado, aprendí que Petunia era un *consumible*. La compañía de Avon quería que compráramos otra Petunia o el producto que la reemplazaría en su próxima campaña, y en la siguiente, y en la siguiente.

Nunca estuvo destinada a durar para siempre.

En realidad, no hay mucho que lo sea.

Esta ha sido una lección brutal de toda la vida. Me he aferrado a posesiones, la niñez de mis hijos, los logros y la salud, antes de darme cuenta de una verdad sencilla: cada cosa atada a este mundo, aun nuestra existencia aquí, fue diseñada para disolverse.

Se requirió de un diagnóstico de enfermedad crónica y décadas de vida para comprenderla. Pero estoy aprendiendo a estar bien con eso. De mi diario:

*Después del funeral de mi papá en el panteón, tuvimos un almuerzo en el sótano de la iglesia para la familia. Estuvo bien estar lejos de la casa, aunque fuera por un poco de tiempo. Después de sentarnos a la mesa, oí un zumbido bajito extraño. Como siempre, asumí que venía de otro lugar, pero resultó ser de mi desfibrilador interno que se preparaba para darme un toque. Mi esposo me ayudó a respirar profundo y dejó de sonar. De todos modos, fue un recordatorio sutil que todos tenemos una cita pendiente con la muerte. Los eventos de la semana anterior habían sido abrumadores, y decidimos que lo que sucedió con el aparato fue por estrés y falta de descanso. Entonces, cuando llegamos a casa, me acosté por un rato. Sobre la mesita de noche vi un cuaderno amarillo con la letra garabateada de mi papá. Ahora que no está ya con nosotros, es como encontrar la firma valiosa de un héroe. Nunca tenía buena letra, pero su mano se había encorvado permanentemente debido a una cirugía mal hecha que hizo que le temblaran las manos*

## DESVIACIÓN DIVINA

*y que su letra se alterara. El cáncer había causado que sus palabras se hicieran aún más borrosas. En el cuaderno mi papá apuntaba con mucho esfuerzo los síntomas que, probablemente, iba a mencionar en su próxima cita: «dolor de estómago, cansancio, siempre quiero dormir, confusión, piernas débiles, especialmente los tobillos». Al leer de su dolor, se derramaron más lágrimas y me di cuenta de que, aunque quería tanto que volviera a nosotros, no podría pedirle que regresara. Su cuerpo estaba cansado y era ya tiempo.*

### DOS COSAS PERDURAN

Nada dura para siempre.

Todos lo reconocemos de alguna forma cuando tenemos que reemplazar el techo de la casa o llenamos el reclamo de la garantía de por vida de nuestra botella de 10 años de la marca *Nalgene*, pero la mayoría de nosotros pasamos por la vida fingiendo que no.

Jesús sabía que necesitaríamos un recordatorio.

Primero, al enseñar a sus seguidores:

«Más bien, acumulen para sí tesoros en el cielo, donde ni la polilla ni el óxido carcomen, ni los ladrones se meten a robar» (Mateo 6:20 NVI).

Como creyente, he luchado toda la vida para vivir esto día a día. Después lo conecté a un versículo más adelante (naturalmente dirigido a los fariseos):

«—"Ama al Señor tu Dios con todo tu corazón, con toda tu alma y con toda tu mente" —respondió Jesús—. Este es el primero y el más importante de los mandamientos. El segundo se parece a este: "Ama a tu prójimo como a ti mismo". De estos dos mandamientos dependen toda la Ley y los Profetas» (Mateo 22:37-40 NVI).

Ya en mis años de la mediana edad, fue un momento *eureka* para mí cuando estos dos versículos se juntaron: Cuando Jesús habló de acumular tesoros y de amar a Dios y al prójimo, decía la misma cosa. Dios, y las almas de los demás, son todo lo que perdurará hasta la eternidad. Nada más es lo suficientemente fuerte como para durar para siempre.

Especialmente estos cuerpos torpes, albergues de enfermedad, que se atrofian poco a poco.

Tal como el jabón con la cuerda, el *nosotros* físico nunca estaba destinado a durar para siempre.

## FINITO, PERO TAMBIÉN INFINITO

La paradoja gloriosa es esa: tal como seguramente somos finitos, también somos infinitos. Viviremos por siempre en algún lugar. La fecha de caducidad estampada sobre nuestra frente es una forma de la misericordia de Dios, y un llamado a invertir en la eternidad al creer en Él y en los demás.

Dios promete que nada de lo que hago para fortalecer a un alma para la eternidad se desperdiciará. Valdrá cualquier sacrificio temporal que haga, porque fija nuestros pies en lo eterno.

Esto es de lo que trata la eternidad.

Otra sorpresa rara que tuvimos en mi niñez fueron las barras de chocolate. Si uno de nosotros tuviera la suerte de estar con mi papá en el momento y el lugar correctos, nos compraría una barra de Snickers o Hershey's o Heath. Y comeríamos cada pedacito antes de entrar en la cochera de la casa. Mi papá sabía cómo invertir en el alma de los demás.

Uno de mis comentarios favoritos después de que falleciera mi papá fue acerca de cómo él, en su negocio de contabilidad pública, cobraba de menos o aun trabajaba de forma gratuita por algunos clientes que él pensaba que no podían pagar (después de todo, conocía de su situación económica). Al enfrentar el cáncer, tenía todas las razones como para acumular fondos para su tratamiento médico y otros gastos. Pero él acumuló algo diferente. Como el beneficiario de sus pláticas nocturnas de tres minutos, no me sorprendió mucho.

John Piper aconseja, «La vida es corta. La eternidad es larga. Vive de acuerdo con ello.»

Creo que mi papá estaría de acuerdo. *Toma el viaje. Haz la llamada. Quema la vela. Usa el jabón. Come el chocolate. Pero aún más importante, ama a la persona que tienes por delante.*

## DESVIACIÓN DIVINA

Cuando mis papás se mudaron de la granja, les ayudé a empacar algunas cajas (mucho menos que los demás). Mucha de mi niñez seguía intacta. Al revisar el contenido del cajón en mi escritorio, encontré a Petunia. No envejeció muy bien. Además de las heridas que sufrió al columpiarse de mi muñeca, se había cuarteado, estaba llena de polvo, fuera de moda (suena demasiado familiar), y su fragancia delicada floral se había desvanecido desde hace décadas.

Gracias a Dios por los recordatorios, como el cuaderno de mi papá y los restos del jabón, y por los momentos que paramos de girar y empezamos a saborear. Son momentos cuando invertimos en las almas de los demás, momentos cuando nos damos cuenta de que no queremos que esta vida dure para siempre.

Algo mejor viene.

Hay que ver más allá de lo cotidiano a la eternidad.

*Tú* (y el alma sentada a tu lado) estaban destinados a perdurar para siempre.

# Una cuestión de duda

## Días 14–26

. . . . .

### El dilema de Jesús en el desierto

«—Si eres el Hijo de Dios, tírate abajo. Pues escrito está: "Ordenará que sus ángeles te protejan y ellos te sostendrán en sus manos para que no tropieces con piedra alguna"» (Mateo 4:6 NVI).

### Lo que oímos

*Si soy hijo de Dios, no dejará que me lastime.*

### Pregunta de vida

*¿Es Dios siempre bueno?*

Una cuestión de dall

DÍA 14

# Sobrevivir un colapso

Durante casi una década, mi mamá y yo compartimos una tradición/obsesión dos veces al año. Nos veíamos en un pueblo pequeño, ubicado en medio de donde cada una vivía, para la venta semestral llamada "Días de Locura," que se llevaba a cabo por toda la ciudad. Despertábamos antes del amanecer para llegar antes que los demás cazadores de ofertas al centro comercial, a la tienda de regalos o a la boutique local. Ambas comprábamos muebles y abrigos que no necesitábamos, pero la ganga era irresistible.

Luego me enteré de que era uno de sus recuerdos favoritos, y de los míos también....

Salvo por un incidente.

Un día muy de mañana en agosto, llegamos justo cuando el policía de seguridad del centro comercial giró la llave de la puerta. Habíamos vigilado el territorio la noche anterior, entonces sabíamos exactamente por donde ir: a una tienda departamental de lujo hasta el fondo. Pasando por las puertas, me sentí emocionada al pensar en las oportunidades de comprar algo con el 90% de descuento. Miré a mi mamá justo a tiempo para verla empezar a tambalearse. Chocó con un estante de ropa en oferta y se colapsó.

Se produjo una mini emergencia. Mi mamá estaba inconsciente. Sin teléfonos celulares, los empleados y yo tratamos de decidir qué hacer. Me dio miedo y mi mente corría por todos lados. Las dos estábamos a varias horas de casa. Yo tenía ocho meses de embarazo de mi primer hijo, y mi pensamiento inicial fue: *no puedo navegar los próximos años aterradores sin ella.*

Apenas tenía veintiséis años y no podía imaginar una vida después de un colapso así.

## TIPOS DE COLAPSO

Las noticias reportan diferentes tipos de colapso: sistemas de servicios médicos, la bolsa de valores y gobiernos internacionales. Otros son de tipo físico: edificios mal construidos, vecindarios devastados por huracanes, inundaciones o incendios.

En una tarde despejada, el nuevo solárium de la casa de mi vecino se colapsó cuando estaban reparando el techo. Con el peso de las nuevas tejas, simplemente se derrumbó con cristales rotos y metal torcido por todos lados. Impactados miramos el desastre desde nuestro jardín al lado de su casa.

La mayoría de los colapsos nos agarran desprevenidos, como el desastre de mi vecino o el desmayo de mi mamá. Hay otros que tememos, pero nunca suceden. ¿Te acuerdas del susto de Y2K (el año 2000) cuando teníamos miedo de que las computadoras fallaran y derrumbaran toda la infraestructura del mundo?

Cualquier colapso puede ser traumático, pero lo peor es cuando es espiritual. Esto sucede cuando ya no podemos reconciliar lo que estamos experimentando con lo que creemos. Esto me pasó a mí. Las líneas de falla y las conexiones débiles de mi fe se revelaron. La vida comenzó a desmoronarse y me sentí impotente para evitarlo.

De mi diario la primera semana con mi diagnóstico:

*La enfermera especializada en cardiología se había presentado el día anterior cuando me internaron en el hospital y cuando me hicieron varios exámenes. Hoy entró a mi habitación solemnemente y me dijo: «Estoy a punto de moverle el tapete». No sabía qué más me iba a decir, pero entendía que iba a ser algo muy serio. Ella se paró al pie de mi cama del hospital, sujetando mi tobillo a través de la sábana,*

DESVIACIÓN DIVINA

*como si quisiera prepararme y, a la vez, ofrecerme su apoyo.* Solo la había conocido 24 horas antes, sin embargo, tenía lágrimas en los ojos. Sentí como mi pecho se hundía. Las palabras «*insuficiencia cardíaca*» hacían eco en mi habitación de cuidados intensivos, por todo el pasillo y hasta el hogar seguro que había dejado atrás.

## LAS CAUSAS DEL COLAPSO

Los colapsos físicos pueden ser causados por la construcción, la corrosión o las grietas, por una fuerza del mal o una fuerza de la naturaleza. No es muy diferente en nuestras vidas en general.

(El colapso de mi mama resultó ser por un nivel bajo de glucosa en la sangre. Como salimos apurados hacia el centro comercial, no habíamos desayunado. Mi colapso de salud, sin diagnosticar por muchos años, se le atribuye a un virus.)

Nuestra vida diaria cuidadosamente construida puede sobrevivir hasta que tenga que soportar una carga pesada: una pérdida, una enfermedad, una desilusión. En ese entonces, se revela lo que la sostiene. Si ese soporte está defectuoso, nuestro mundo se puede colapsar.

«Todo el que escucha mi enseñanza y la sigue es sabio, como la persona que construye su casa sobre una roca sólida» (Mateo 7:24 NTV).

Esas eran las palabras de Jesús, pero al vivirlas fuera de las hojas de papel y en tiempo real, todo se vuelve confuso. Tal como todo Su sermón del monte, parecen representar algunas promesas no cumplidas en mi vida.

Después de mi diagnóstico, escudriñé las escrituras buscando respuestas y me di cuenta de que todos cargamos alguna versión de esta historia de construcción. También me di cuenta de que me había equivocado: la enseñanza de Jesús no puede significar que se nos va a proteger contra cualquier colapso. Cada personaje importante en la Biblia sufrió algo devastador.

Por ejemplo: cuando el templo de Salomón y todos sus tesoros se destruyeron por un rey gruñón, o cuando bajaron la cruz con el cuerpo sin vida del Salvador.

Cuando todo el mundo se inundó o cuando se derrumbó toda la vida de Job.

Todos sabemos que hasta los edificios bien construidos a veces se colapsan o se derrumban. Lo hemos observado con tornados y ataques terroristas. No importa qué tanto nos esforcemos, la fuerza de este mundo caído puede derrumbar lo que hemos construido; incluso lo que hemos construido por fe.

## LOS CIMIENTOS PERMANECEN

Algo que he notado en todos los tipos de colapso es que, luego del desastre, lo único que permanece son los cimientos, la parte sólida. Y en esos momentos de colapso comenzamos a depender de Él.

Liuan Huska, una mujer que ha sufrido de dolor crónico comentó: «Esta es mi esperanza… que cuando he perdido todo lo que me hace ser yo, todavía seguiré porque me sostiene algo más sólido que mí misma, más sólido que mi cuerpo, más que mi misma consciencia. Me sostiene un amor tan fuerte como la muerte».

Este fundamento es una red de seguridad de Dios y quizás, después de todo, eso es lo que Jesús decía en el sermón del monte. Las bienaventuranzas describen varios colapsos o derrumbes que siempre terminan en el cuidado de Dios. Cuando sientes que todo se ha ido, no hay mucho más de lo que puedes caer. Jesús nunca prometió que no sería doloroso, pero sí prometió un umbral en los brazos del Padre.

Lo que mi enfermera especializada en cardiología no sabía (y yo tampoco, mientras mis planes se desplomaban y mi futuro se desmoronaba), es que, incluso cuando el tapete decorativo se movió bajo mis pies, había algo por debajo que me evitaba caer demasiado lejos. Aunque no lo comprendí por meses, cuando los muros de lo familiar se derribaron, los cimientos permanecieron.

Muchas veces, hasta que se derrumba lo que hemos construido y se limpian los escombros, es cuando nos damos cuenta de los sólidos cimientos que nos han estado sosteniendo todo el tiempo.

DESVIACIÓN DIVINA

## UN LUGAR PARA RECONSTRUIR

Los cimientos nos dan una base para empezar a reconstruir. Nos dan la oportunidad de recoger los pedazos y volver a comenzar. Mi vecino está construyendo de nuevo un solárium sobre el mismo firme de concreto; una versión rediseñada en el sitio exacto de lo anterior. Después de irse Jesús ("Dios con nosotros"), llegó el Espíritu ("Dios en nosotros") sobre la misma huella. La fe sólida de Job también le ayudó a reconstruir una vida postragedia. Lo mismo sucedió con el templo.

«[Q]ue se conserven sus cimientos» (Ezra 6:3d LBLA).

Construido precisamente en el lugar del primero, el templo restaurado indicó un nuevo comienzo: la renovación de la vida judía después del exilio devastador. Señaló un nuevo rol para la gente como edificadores; y éste segundo templo iba a ocupar un lugar mayor en la vida en Judea de lo que nunca hizo el templo de Salomón.

Cada colapso o derrumbe despeja el sitio para lo que viene y nos proporciona un lugar para volver a los planos de nuevo. Después de todo, como dice la autora Katherine Wolfe, «todos estamos viviendo alguna versión de una segunda oportunidad».

Habría otros colapsos familiares en los treinta años siguientes después de aquel incidente en el centro comercial: una serie de muertes tempranas inesperadas, un conjunto de dolores financieros, numerosas crisis de salud, y varias decepciones en la vida, pero, de alguna manera, siempre sobrevivimos. Aun cuando todo lo que quedaba eran los cimientos. No caímos tan lejos.

Perdí a mi mamá y a mi papá dentro de un espacio de cuatro meses, y me sentí igual de no preparada como aquel día de locura en el centro comercial. Pero ahora puedo ver claramente los cimientos de fe que ellos construyeron para mí.

Y, ahora que mi insuficiencia cardíaca está estable y los planes de mi vida están comenzando a volver a surgir, por fin me siento lista para empezar a volver a construir.

DÍA 15

# El padre de un hijo pródigo

Es una de las historias favoritas de mi papá. Al manejar a casa desde la universidad para celebrar el día de Acción de Gracias, mi papá y su amigo se quedaron atascados en una tormenta de nieve. Los adolescentes inexpertos no debían haber salido a la calle. Sin teléfonos celulares y con servicios limitados para emergencias en el año 1951, los tres días que pasaron en el auto, prendiendo el motor cada dos horas para calentarse, causaron una catástrofe en casa. Mi abuela se preguntaba si alguna vez volvería a ver a su único hijo. Ella habría hecho cualquier cosa para lograr que regresara a casa. Puedo imaginarla mirando hacia el horizonte constantemente, esperando ver su auto avanzar lentamente por el camino cubierto de nieve.

## LA PERSPECTIVA DE UN PADRE

Este detalle de la historia familiar evoca pensamientos del Hijo Pródigo. Como en todas las parábolas de Jesús, aquel hijo se parece a cada uno de nosotros: un hijo demasiado confiado, gastando de manera ingenua y frívola una vida y una herencia, y quien, al final de cuentas, solo busca una forma de regresar a casa.

La mayor parte de mi vida me he identificado con el hijo perdido de esta historia. Como hijos pródigos cargamos un cierto remordimiento: la desilusión que hemos causado a nuestros padres, a Dios y a nosotros mismos. Pero a veces nos enfocamos demasiado en lo que hemos hecho o lo que hemos dejado de hacer, y en nuestra propia importancia en la historia.

Quizás desde el principio, la historia —nuestra historia— se ha tratado mucho más de lo que Él hace y mucho menos de lo que hacemos nosotros. Quizás siempre se ha tratado del Padre.

En cuanto a las posibilidades de viajar, crecí en otra época, cuando el mundo solo existía para mí en un lado del globo terráqueo, y mientras que las tropas y los productos cruzaban océanos, la gente no lo hacía. De hecho, cuando salí de mi hogar en Kansas para asistir a la universidad estatal de Oklahoma yo sentía que iba a estudiar en el extranjero. Para mí, para mi papá, y especialmente para el hijo pródigo en la Biblia, las familias permanecían cerca y trabajaban para vivir y sobrevivir; entonces, cuando el muchacho en la parábola dejó a su papá para ir a un país lejano, probablemente era una crisis familiar.

Esto me hizo pensar en el padre del hijo pródigo.

### QUERER A TODOS EN CASA

Como el padre en la parábola, he percibido la tensión en ambas direcciones presente en los lazos que mis hijos tienen con su hogar. El deseo de que vuelvan, pero aún más importante, el deseo de que ellos quieran volver. Dios, el Padre perfecto, quiere lo mismo.

Y su historia entrelaza ese tema a lo largo de ella.

Max Lucado escribe: «La navidad es el comienzo de lo que se celebra en la Pascua."

Mientras el Adviento es el primer susurro suave y tierno de la invitación de Dios a regresar a casa, la Cuaresma nos llama con una voz más madura. Nos trae de regreso de un viaje difícil a nuestro hogar con Dios, donde se nos ama y estamos seguros de regresar con el Dios que nos recibe con los brazos abiertos, al abrazo de un Dios que corre hacia nosotros aún en medio de nuestro pecado, y especialmente de nuestra vergüenza.

La Cuaresma nos recuerda que, gracias a la resurrección, nuestro

# DESVIACIÓN DIVINA

buen Dios mira constantemente hacia el horizonte buscando a Su hijo pródigo, con la esperanza de que querrá acercarse a Él, con la esperanza de que volverá a casa.

«Porque este hijo mío estaba muerto, pero ahora ha vuelto a la vida; se había perdido, pero ha sido hallado» (Lucas 15:24 NVI). Tal como Jesús vino a revelarnos al Padre, la Cuaresma nos da una mirada al corazón del padre del hijo pródigo. Nunca nos podría haber visto a la distancia si no hubiera estado esperando con intención y expectativa. Y nunca nos habría estado buscando en primer lugar si no hubiera deseado de todo corazón que volviéramos a casa.

## UNA REUNIÓN CAÓTICA

Una vez estando de visita en una ciudad en otro estado, perdí a mi hijo de tres años en una tienda departamental llamada *Target*. Volteé la vista en el pasillo de juguetes unos cuantos segundos y desapareció. La búsqueda frenética culminó con el sonido tosco y grave del cierre bajo llave de las puertas principales y el anuncio del *Código Adam* (un código para que los empleados supieran que había un niño extraviado y para que no permitieran salir a nadie hasta que apareciera.) La sangre se me congelaba en cada vena del cuerpo mientras pedía a Dios en oración que mi niño estuviera todavía de este lado de las puertas. Corrí por cada pasillo gritando su nombre, buscando con ansiedad a un niño pequeño con una gorra rayada. Lo único que quería era que ese niño volviera a mí. Nada de lo que pudiera haber hecho o lo que no hubiera hecho importaba. Y no dejé de buscarlo hasta que vi que lo acompañaba una señora canosa hacia la entrada de la tienda.

Fiel al tema central de la Biblia sobre el exilio y el regreso a casa, la parábola del hijo pródigo es la saga de toda la humanidad. Pero, quizás aún más importante, es la historia de la longanimidad de Dios y Su plan paciente para volvernos a todos a casa. Jesús asumió el exilio supremo en la muerte para que cada uno de nosotros pudiera encontrar el camino de regreso al Padre.

Y lo hizo mientras aún estábamos tratando de entenderlo todo.

No después de que fuéramos pecadores, sino durante, en el feo y caótico medio de nuestra rebelión, desconfianza e incertidumbre. Mientras todavía buscábamos el camino a casa; mientras todavía nos encontrábamos lejos.

«Todavía estaba lejos cuando su padre lo vio y se compadeció de él» (Lucas 15:20b).

## ANTICIPANDO NUESTRO REGRESO

De mi diario durante el primer año del diagnóstico:
*Tenemos un ecografista especial en la Cleveland Clinic, se llama Evelina. Es algo de Dios que en este campus masivo nos toca con ella cada vez que tenemos que hacer el ecocardiograma, la prueba que determina cómo realmente me está yendo. Desde la primera vez que vinimos, ella cerró la puerta sin ruido, nos tomó por las manos y oró con nosotros. De alguna forma, ella puede sentir como cada resultado angustioso mete cizaña entre Dios y yo. Y esa vez no sería diferente al ver en su cara los resultados negativos y oír en su oración lo que no nos puede decir directamente: «Por favor, Dios, sana el corazón de la Señora Lori. Sé que este hospital es el mejor en cardiología, pero Tú eres el mejor doctor y confiamos en ti en todas las cosas,» como si ella tuviera la misión de asegurar que esto no consumiera mi fe. Por mi edad casi podría ser su mamá, sin embargo, en muchas maneras, ella está actuando ahora como la mía.*

En ese momento y por medio de las palabras de esta profesional de la salud, Dios ya estaba anticipando mi viaje de regreso a Él, tal como lo hizo el padre en la parábola.

Así que, si has tenido dificultad para encontrar el camino a casa debido a decisiones erróneas, rebelión ingenua o las circunstancias de la vida, que sepas bien dónde está Él…

Mientras todavía te encuentres lejos…

Él está vigilando en la ventana de la casa en la granja en los años 1950.

Él está corriendo por los pasillos en la tienda de Target.

Él está agarrando tu mano mientras llegan los resultados de los exámenes.

## DESVIACIÓN DIVINA

Él está constantemente mirando hacia el horizonte, esperando que Su hijo vuelva a casa.

DÍA 16

# Cómo se ve el amor

Estaba yo en el quinto grado de primaria cuando me enteré en una excursión al museo de ciencia que el corazón humano no es algo sencillo, suave y simétrico. Tan maravilloso y vital como es el corazón humano, también se ve un poco espeluznante, disparejo y complicado.

El amor, en sus inicios, se disfraza también de un suave romance, pero cuando lo contemplamos desde el otro lado de la vida, la luz se refleja sobre otro ángulo, y se ve un tanto desordenado, impredecible, e incluso áspero.

## NO ES LO QUE PENSÉ

Al levantar a mi papá de su silla de ruedas a la cama para dormir, rodeado por los medicamentos para aliviar el dolor, el tanque de oxígeno, y unas barras de chocolate oscuro para darle confort, él dijo: «es la primera vez que he llorado en cincuenta años.»

Mi mamá no estaría a su lado en la cama esa noche. Más temprano, esa noche del Día del Padre, ella casi había muerto en un accidente de asfixia. Ella se encontraba en el hospital local, recuperándose de lo que había sido una experiencia desgarradora para todos. Pero nadie estaba más traumatizado que mi papá viendo a su esposa luchar por respirar, recibir resucitación cardiopulmonar, y sintiéndose físicamente incapaz de poder ayudarla.

Las palabras de mi mamá justo después de llegar a urgencias en la ambulancia fueron: «Necesito ir a casa.»

Las palabras, sorprendentemente sentimentales, dichos por mi papá aquella misma noche desde su cama especial para cuidados paliativos en la casa fueron: «Ella es la única chica que he amado.»

Sonreí, pensando que había sido la fragilidad de la vida y el sufrimiento del cáncer que lo había suavizado. Siempre me había parecido un hombre de pocas emociones porque no las expresaba como yo esperaba. Por años, cargaba en mi cartera una nota que mi papá me dio justo antes de llevarme al altar: *Tú siempre serás mi hijita. Debería haber dicho esto muchas veces antes, pero siempre pensé que no era necesario… pero por si acaso, te amo. Papá.*

Lo he sentido todos los días, pero atesoro esas palabras ricas y raras.

Al crecer, siempre había esperado que mis padres me mostraran su cariño más como lo hacían los padres en la televisión: como Michael y Carol Brady en *The Brady Bunch* o Charles y Caroline Ingalls de *La casa de la pradera*. Pero estoy aprendiendo que tal vez eso no es como se ve realmente el amor.

Me tomó más de una vida verlo claramente.

El amor de mis padres, tal como el de Dios, era algo mucho más grande.

## ALGO MÁS GRANDE

Mi madre, determinada, insistía en ser dada de alta, recorriendo toda la longitud del pasillo del hospital en su primera salida de la cama para demostrar que era lo suficientemente fuerte como para regresar a casa. Aunque por fuera daba a entender que mi papá estuviera en un estado tan crítico, por dentro sabía que debía volver a su lado. Con su esposo en cuidados paliativos, estar separados cuatro días era demasiado.

Después de llegar a casa, mi mamá habló a mi papá con firmeza, tratando de motivarlo a aferrarse a la vida y así proteger su propio corazón de la inminente pérdida. Al instante, volví a ser la niña de seis años que fui, presenciando una conversación familiar. Un sargento instructor de cuarenta y cinco kilos insistiendo que ejercitara sus músculos, ella también le dio de comer cada trozo de camarón de su propia caja de comida china.

Como supongo lo que la mayoría de los hijos hacen, durante toda mi vida subestimé la relación entre mis padres porque solo tenía una idea de cómo se veía el amor. Porque no lo expresaban verbalmente frente a los demás, o porque no se colmaban mutuamente con regalos costosos ni viajes a lugares exóticos.

Más bien, ellos me mostraron como se ve verdaderamente el amor: Coraje para honrar el pacto cuando su camino se desvía.

Determinación cuando no se caen bien y la vida les da de cachetadas.

Gracia durante el soltar de sueños y rencores, de hijos y padres.

Dios tiene una palabra especial para ello:

*Hesed* (o *khesed*) puede ser la palabra más rica en las escrituras hebreas. Una de las descripciones más comunes para referirse a Dios mismo, se encuentra casi 250 veces en el Antiguo Testamento.

«...Dios misericordioso y compasivo, que *no se enoja con facilidad*, lleno de fiel amor y lealtad» (Éxodo 34:6b PDT).

*Hesed* es la palabra hebrea que se traduce aquí como "fiel amor". Pero la plenitud del *hesed* no puede ser adecuadamente traducida a ninguna otra palabra o frase de otro idioma. Es un tipo especial de lealtad: una lealtad activa de cumplimiento de promesas, demostrada a través de un profundo cuidado personal.

Mis padres jamás habían oído de *hesed*, pero lo vivieron todos los días.

*Hesed* es cuando mi mamá preparaba cuidadosamente las comidas favoritas de mi papá, aun cuando casi ni podía comer durante los años de quimioterapia.

*Hesed* es cuando mi papá imprimía correos electrónicos y artículos con una fuente más grande para que mi mamá los leyera cada semana porque nunca aprendió usar el internet y la degeneración macular comprometió su vista.

Es cuando Rut recoge espigas en campos desconocidos para alimentar a su suegra viuda.

Es cuando David mostró lealtad a la peligrosa familia de Jonatán.

Es cuando Dios proveyó maná en el desierto y, al final, a Jesús en la cruz.

Todo dentro de una relación de pacto duradera.

Significa compromiso, elección, deseo y acción... todo en uno.

## VIVIR EN FIEL AMOR

Por impresionante que sea, el *hesed* a menudo no es nada bonito. Este tipo especial de fiel amor requiere que constantemente nos ensuciemos las manos: ayudando a padres ancianos, cambiando pañales de bebés, guiando a adolescentes rebeldes, siguiendo el camino de la cruz. El *hesed* un día nos llevará a hacer lo que jamás imaginamos hacer cuando primero definimos los límites de la idea de un amor suave y sencillo.

Es ayudar a tu papá enfermo de cáncer a levantarse para utilizar el inodoro portátil al lado de su cama por décima quinta vez en la misma noche.

Es escuchar su historia balbuceada con plena atención y asombro por quinta vez en el mismo día.

Es dormir agarrando su mano mientras su esposa está en el hospital y cuando te dice: «No me puedes dejar solo».

Pero, más que nada, *hesed* se ve cuando tu esposo hace todo aquello para tu padre por 48 horas sin dormir porque tu propia salud no te permite hacerlo tú misma.

Para este yerno especial, la muerte de mi papá fue como perder dos veces a su propio padre.

La única manera de mostrar fiel amor es por medio de un compromiso diario. *Hesed* es un tipo de amor que jamás te desamparará. Como el amor que Dios mostró desde el Edén hasta el Calvario. Como el amor que mis padres mostraron por más de seis décadas, aun cuando yo no siempre lo veía.

# DESVIACIÓN DIVINA

Mientras otras palabras en la Biblia para el amor se enfocan en el sentimiento, el *hesed* toma su significado de la acción.

La frase favorita de mi mamá viene de la Madre Teresa: «Haz las cosas pequeñas con gran amor». La clave para el fiel amor son las cosas pequeñas, constantes y vitales. Mis padres conocían todas estas cosas, y sus vidas tejieron una red de seguridad para mí. «La totalidad de tu comportamiento establecerá un modelo de lo que es el amor que tus hijos llevarán consigo a la adultez.» —Neil Strauss

En muchas maneras, el ejemplo de *hesed* de mis papás me ha ayudado a aferrarme a mi fe en medio de la travesía dura de la insuficiencia cardíaca.

La mayoría de nosotros hemos visto nuestras vidas tomar caminos que no habíamos esperado ni planeado. (Ví las vidas de mis papás tomar algunos giros no deseados.) Las desviaciones pueden convertirnos en gente que duda. Cuando esto me sucedió, empecé a cuestionar si alguna vez este Dios, a quien he conocido y en quien he confiado toda mi vida, realmente me había amado. Si soy honesta, dudé de la fidelidad de Dios. Pero algo muy profundo en mí ayudó a que tuviera sentido. De mi diario:

*Si recibo con brazos abiertos el carácter duradero de Dios, por medio de los eventos aislados, tantos buenos como malos en mi vida, lo puedo ver con más claridad. Quizás me equivoqué. Quizás el amor de Dios no significa borrar completamente la enfermedad. Quizás significa confiar en Él en las cosas pequeñas, aun cuando no mueve las montañas grandes. Quizás signifique que Él carga fielmente mi desilusión y camina hacia un futuro no planeado, incluso sombrío, a mi lado.*

A menudo culpamos a Dios por lo que ocurre bajo su vigilancia. *¿Es así como se ve el amor? Si es así, yo paso.* Tal vez he sido culpable de exigir a mis padres y a mi Dios un estándar equivocado, uno de un amor suave, simétrico y de película en lugar de como realmente se ve el amor. Quizás toda mi vida he subestimado el impacto de los actos pequeños, constantes y caóticos del amor fiel. Quizás toda mi vida he ignorado el *hesed*.

Cuando el director de la funeraria sacó el cuerpo de mi papá de la casa, mi mamá se inclinó sobre él, le quitó los lentes, le acomodó su característico cabello rebelde, lo besó y susurró: «Siempre te amaré.» Y al fin comprendí el verdadero sentido de sus palabras.

DÍA 17

# Ajustando el tamaño de fuente

Hace unos años, antes de la insuficiencia cardíaca, viajé por primera vez fuera de este continente a Buenos Aires, Argentina, para visitar a mi hijo durante su estudio en el extranjero. Llegando con expectativas limitadas y poca destreza, de alguna forma nos topamos con la idea de reservar un viaje a las Cataratas del Iguazú. Nunca había oído de ese lugar, pero me enteré de que es una de las Siete Nuevas Maravillas Naturales del Mundo.

Tres veces más anchas y más de 30 metros más alto que las del Niágara, Iguazú fue impresionante de contemplar. Mi esposo y yo nos emocionamos hasta las lágrimas al verlas. Justo entonces, contra el rocío de la imponente cascada, se formó un arcoíris. Nuestros hijos todavía recuerdan "lo extraño que se comportaban mamá y papá." Sinceramente, sentí que ese día estaba presenciando una floritura de la mano milagrosa de Dios. Me estaba echando un vistazo al Edén.

Honestamente, durante la mayor parte de mi vida no he percibido la obra de Dios. Lo conocí y lo amé, pero no podía ver que, en realidad, Él estaba haciendo mucho en el campo de los milagros.

**VIENDO LAS LETRAS PEQUEÑAS**

Resulta que el problema se encuentra con el que observa y no con Dios.

C.S. Lewis dijo: «Los milagros son un relato en letras pequeñas de la misma historia que se escribe en el mundo entero con letras demasiado grandes para algunos de nosotros.»

Lo difícil para mí fueron las letras pequeñas. Pude ver a Dios en la naturaleza y en la resurrección, pero me costaba trabajo encontrarlo en mi propia vida, o en las situaciones de mis seres queridos.

Afortunadamente, la mayoría de los doctores pueden ver los relatos más pequeños. El 75 por ciento de los doctores en los Estados Unidos creen que los milagros ocurren hoy en día. Vuélvelo a leer. Las personas que se dedican a salvar a la gente se dan cuenta que ellos no son los que salvan; algo más está sucediendo que no se puede explicar científicamente.

Escribí lo siguiente en mi diario después de uno de los primeros viajes a la Cleveland Clinic:

*Sentada aquí puedo ver sin estorbo la entrada principal del hospital. Veo cinco carriles de autos amontonados sin espacio entre ellos, varios empleados de la clínica dirigiendo el tránsito en la sombra del estacionamiento de seis pisos. Este lugar es como una ciudad, llena de tantas almas buscando un milagro hoy.*

Un poco después de escribir eso, mis citas comenzaron. Tuve mi primer ecocardiograma con Evelina, quien eventualmente se convirtió en nuestra técnica ecografista favorita en la Cleveland Clinic. Después de ver los resultados, ella oró a Dios «para que un milagro sane el corazón de la Señora Lori». Quizás por primera vez, me di cuenta de que tan seria era mi situación. Jamás olvidaré sus palabras porque claramente creía en dos cosas: una, que yo estaba gravemente enferma; y dos, que Dios, y sólo Dios, podría remendar todo esto. Pidió un milagro porque, con toda su pericia y experiencia médica, sabía más que cualquiera, que lo necesitaba yo.

Desde aquel día, he superado todas las adversidades y aún las predicciones más optimistas. He sobrevivido y mejorado más allá de la explicación médica. Para ser clara, aunque inicialmente mi vida se salvó, mi corazón no se ha sanado. Todo se está manejando muy bien con el aparato y los medicamentos, pero tengo una enfermedad que sigue un solo rumbo, y es hacia adelante.

Sin embargo, algo notable sucedió. Dios asombró a los doctores y dejó boquiabiertos a los cirujanos en el mejor hospital cardíaco de la nación, quizás del mundo. Eso no se puede negar. Y tal vez, después de todo, el haber sufrido una insuficiencia cardíaca, contra toda explicación racional, fue de alguna manera parte de Su plan milagroso.

Aun con esta experiencia increíble, me canso. Y lloro. Muchas veces todavía lo busco y me acuesto decepcionada. A medida que avanzamos por este mundo que todavía sigue roto, puede parecer que nos ha dejado solos para navegar por las aguas turbulentas de nuestra situación tanto tiempo como podamos.

## LA PROMESA GRANDE DE DIOS

Incluso Jesús observó algunas situaciones duras a través de lágrimas. A menudo pienso que Jesús lloró por la muerte de Lázaro porque sabía que nos quedaríamos a vivir en un mundo que aún no es como debería ser. Y él entendía que su Padre no siempre lo solucionaría.

Todos sabemos que Dios parece no intervenir en nuestros momentos de mayor necesidad. En esos días en que solo podemos percibir nuestra circunstancia por medio de la impotencia, quizás estamos experimentando nuestra situación en su forma más auténtica. Ver este mundo a través de la refracción de nuestras lágrimas humanas permite que los arcoíris tomen forma en nuestras propias vidas. Y esos arcoíris son promesas.

«Nunca más serán exterminados todos los seres vivientes por las aguas de un diluvio; nunca más habrá un diluvio que destruya la tierra» (Génesis 9:11b).

La promesa de Dios a lo largo de la historia es esa:
*Aunque no siempre te rescato de enfrentar un diluvio,*
*Jamás volveré a dejar que una tormenta destruya toda la vida.*
*O toda tu vida.*

Justo antes de que la función de mi corazón fuera restaurada inicialmente, mi esposo y yo pasamos por el edificio de la iglesia donde asistimos. Minutos antes nos había agarrado una lluvia primaveral. Al acercarnos al edificio vimos un arcoíris y nos detuvimos. Entonces vimos el arco completo con el edificio de la iglesia perfectamente centrado debajo de él. En ese momento supe que el diluvio de esta enfermedad no me iba a vencer. Cualquiera que fuera el resultado. Como una semana después escribí en mi diario:

*Hoy me acordé del arcoíris de la foto que tomé tres días antes de recibir las noticias de la mejora inesperada. Nunca había visto tan claramente los dos extremos de un arcoíris. Siento que Dios me estaba enviando un mensaje de que algún día vería esta travesía completada. Simplemente quizás yo no sepa cómo ni cuándo.*

Como todos nosotros, mi travesía incierta a través de la tormenta sigue, porque soy un ser mortal en un mundo caído. El día que vimos el arcoíris, tal como el día que primero vimos las cataratas del Iguazú, Dios escribió en letras grandes de su majestad.

Me ha estado escribiendo, usando letras pequeñas desde ese momento.

Algunos días puedo ver su letra pequeña con mayor claridad a través de mis lágrimas.

DÍA 18

# Asuntos mundanos

No se te vaya a olvidar estar al pendiente de mí!»
Con el paso de los años, ojalá que hubiera tomado una foto de este evento que antes era tan común

Cada noche, mi hija de cuatro años se salía de la cama, abría la puerta de su habitación, y asomaba su cabeza -peinada de dos coletas- al pasillo nocturno con ese recordatorio no tan sutil.

«Estar al pendiente» significaba mucho más que arroparla para la noche. Siempre hacíamos eso primero. Horas después, ella esperaba que abriéramos su puerta chirriante para que entrara la luz del pasillo y el sonido de sus hermanos mayores a su habitación oscura y silenciosa. Rehusé hacerlo porque pensaba que la iba a despertar más que tranquilizar. Así que, fingía estar al pendiente. Pero, al día siguiente, siempre lo sabía y me decía: «¡No estuviste al pendiente de mí!» Fue mi esposo quien decidió cumplir. Cada noche. Y gracias a esa rutina ella sabía que podía contar con su papá cuando algo grande surgiera.

## ENTIENDO LO MUNDANO

Mientras ese buen padre prestaba atención a lo rutinario, siempre creí que el Dios Padre era todo lo opuesto. La mayor parte de mi vida asocié a Dios principalmente con resucitar a los muertos, multiplicar panes y peces, y abrir mares. No podía concebirlo como algo mundano, ya que parecía impredecible y tan alejado de lo humano y ordinario.

La definición de *mundano* parecía apoyar mi creencia: *monótono, invariable, repetitivo, rutinario, cotidiano, esperado, convencional, del mundo.* Sus antónimos incluyen: *extraordinario, imaginativo, celestial, espiritual.* Mucho de la vida aquí en la tierra es mundana, aburrida, y sin novedad. Paul David Tripp, en su libro *Edad de oportunidad*, sugiere que no hay muchos momentos grandes en esta vida; vivimos en lo completamente mundano: en los pasillos, en los autoservicios y en las lavanderías de la vida. Pero Tripp añade que hay buenas noticias: Aquí es donde se establece y se refina nuestro carácter.

Más importante, en lo ordinario es donde aprendemos a confiar en nuestro extraordinario Dios.

## CONSTANCIA ES CLAVE

Como mi hija, yo también tuve un padre terrenal bondadoso y constante.

Al crecer, los viajes eran un evento poco común para nuestra familia de granjeros. La primera vez que nos fuimos de vacaciones fue a Pikes Peak en Colorado cuando tenía como nueve o diez años. Recuerdo el asombro que experimenté al llegar a 4.300 metros y ver que estaba nevando en julio. Sinceramente no recuerdo más de esas vacaciones. Aun después de toda la planeación y tiempo en el coche discutiendo desde el asiento trasero (que seguramente sucedió), simplemente no sobresalen en mi memoria. Honestamente, sin las fotos, tal vez incluso habría olvidado que fuimos.

Pero sí recuerdo con detalle como mi papá escribía con un lápiz amarillo afilado sobre una servilleta blanca de papel cada mañana, mientras tomaba café de una taza de ébano brilloso. Ordenaba y calculaba su día, aunque se hubiese desvelado hasta la madrugada, cansado por la cosecha. Cada mañana lo veía sentado en la misma silla cuando bajaba las escaleras para tomar el autobús, desde que estaba en primer grado hasta que me gradué del bachillerato. También recuerdo claramente cómo mi mamá preparaba la cena desde cero todas las noches y ponía la mesa para toda la familia, incluso después de haber trabajado en otro empleo todo el día. Recuerdo los guisados preparados con cuidado y cómo llenaba el lavavajillas verde olivo con los platos de marca *Corelle*.

Como en la película *Groundhog Day* (*Atrapado en el tiempo*), sucedió vez tras vez hasta lograr hacer mi parte bien.

Podía contar con mis papás para hacer su parte, y lo sabía.

A veces el hecho de que algo sea mundano es lo que lo hace inusual. Como la estabilidad de mis padres en mi niñez, y ahora cuando mi esposo está al pendiente de mis hijos y de mí, él se ha encargado de todos los quehaceres en la casa desde el diagnóstico de mi enfermedad crónica. Lo ordinario de estos actos los convierte en especiales porque significa que son constantes, lo cual es en sí, algo extraordinario.

Los hijos florecen en la constancia y en lo ordinario, especialmente los hijos de Dios. La fe se desarrolla mejor en medio del confort de un cuidado constante.

Dios mostró constancia hacia Su pueblo mientras estaban en Egipto. Después, los hijos de Israel dependían de la guía y el sustento diarios de Dios durante su peregrinación de décadas por el desierto. En el tiempo de los jueces, los creyentes constantemente se olvidaban de Dios, sin embargo, los rescató repetidas veces. Abraham, Ana, Noé, Rut... todos experimentaron la constancia de Dios también.

## LO ORDINARIO NOS PREPARA PARA LO EXTRAORDINARIO

Dios siempre ha vivido y obrado dentro del ordinario, triste y maravilloso ritmo de la vida humana. Es un Maestro en convertir lo mundano en milagroso.

El almuerzo común de un niño se convirtió en un festín para la multitud.

Una tinaja común y corriente de agua se convirtió en vino esencial para una boda.

Una marcha monótona de siete días alrededor de una ciudad hizo que se cayeran muros (e imperios).

Años de pastoreo mediocre produjeron un hombre conforme al corazón de Dios.

Una mujer joven sin nada especial se convirtió en la madre del milagroso Salvador.

Y el milagro constante es este: Su cuidado no se detiene ante el vientre vacío ni siquiera ante la tumba vacía. Como Emanuel —Dios con nosotros—, sigue compartiendo nuestros momentos no tan especiales, los que forman la mayor parte de nuestras vidas.

Sus milagros suceden tras las bambalinas de nuestras vidas diarias, tejidos como parte de la tela de nuestra fe. Lo mundano moldea la fe y nos prepara para confiar en la fuente de lo inesperado. En la fe y en la vida, se requiere un abasto constante de lo ordinario para prepararnos para lo extraordinario. Debemos tener una historia con Dios para poder reconocer cuando su majestad supera nuestra humanidad.

Tal majestad inesperada se presentó cuando la columna constante iluminó la oscura peregrinación de los israelitas, forjando su fe mientras se acercaban a la tierra prometida. Sucedió de nuevo cuando los pastores empapados de los salmos siguieron una estrella especialmente brillante que señalaba al Salvador del mundo.

Dios también estaba obrando cuando me dio una apendicitis rutinaria. Salí del hospital sabiendo que mi insuficiencia cardíaca había tomado un giro positivo temporal.

De mi diario:

*El día después de que la apendicectomía inesperada provocó una nueva prueba de corazón, la enfermera especialista quien nos había dado las primeras noticias de mi insuficiencia cardíaca nos vistió. Revelando una mejora enorme e increíble en la función de mi corazón, me chocó la mano y yo dije, «¡Tengo tantas preguntas!» Con lágrimas en los ojos, ella respondió, «¡Nosotros también! Estábamos muy preocupados, y no quiero decir que habíamos renunciado a ti, pero después de dieciséis meses, la ventana de tiempo para que mejoraras se estaba volviendo bastante estrecha. No tengo la oportunidad de ver milagros todos los días, pero definitivamente eres uno de ellos. ¡Me da tanto gusto que pude ser parte de ello!»*

DESVIACIÓN DIVINA

Todo esto no habría sido tan significativo para mi enfermera especialista si no hubiera estado a mi lado para cada prueba desgarradora y cada consulta sin mejora. Tenía que acompañarnos en los meses mundanos y monótonos para que este evento extraordinario tuviera algún significado.

Y necesitamos cada parte de estos meses sin cambios para poder reconocer que nuestro fiel Dios realmente había estado al pendiente de nosotros a lo largo de aquel oscuro camino, por medio de nuestro equipo médico, nuestra iglesia y nuestra familia. Incluso por medio de una serie de mensajes de texto, llamadas y videollamadas de aquella niña de coletas que ahora es adulta.

## RECONSIDERANDO LO MUNDANO

La relación de mi hija con su papá, como la mía con el Padre, fue formada por innumerables momentos ordinarios, y pocos extraordinarios.

Tenemos fotos de los momentos emocionantes, pero tenemos una fe edificada sobre los mundanos.

Quizás originalmente mi definición de lo mundano era demasiado limitada. Y quizás la verdad más grande en nuestro mundo sea algo no solo mundano sino también espiritual: El Dios de lo milagroso es el Dios de lo ordinario. Y Él está aún más presente en los momentos cotidianos de nuestras vidas.

Tan seguro como Él estará en la rara cima nevada de la montaña, también estará en los oscuros pasillos y en las habitaciones de hospital llenos de dudas. Él se presenta a través del maná monótono y nos acompaña por medio de un pesebre común y corriente. Su humilde y común comienzo lo posicionó para infiltrar y redimir cada momento insignificante.

Nuestro Dios extraordinario está ahí.

Constante, pendiente de nosotros cada noche.

DÍA 19

# Mosquitos, marcianos, y un Dios confiable

**N**unca sobrevivirás sin insecticida. ¡Hay mosquitos gigantes!» avisó mi hermana mientras me lanzaba una lata de repelente para insectos.

La primera semana de julio después de terminar el tercer grado, a regañadientes, empaqué mi maleta floreada para acompañar a mis hermanos mayores por una semana al famoso campamento Camp Wentz. Había visto unas fotos instantáneas en blanco y negro, borrosas y granuladas, de la cámara Kodak Instamatic de mi hermana del verano anterior, pero al al entrar por el portón me di cuenta de que las fotos no le hacían justicia. Las cabañas eran unos castillos de piedra en miniatura y todo el terreno parecía un reino de cuento de hadas. Mi tímido corazón, ya nostálgico, se animó un poco mientras mamá nos dejaba en Ponca City, Oklahoma. No conocía a nadie de mi edad que fuera a estar en el campamento, pero, ¿cómo podría un lugar tan idílico lastimar a alguien?

Después de instalarme en la cabaña-castillo asignada, me dieron el itinerario para la semana. De inmediato me di cuenta de una película de bienvenida que se iba a proyectar en el pabellón al aire libre... ¡Magia pura en 1974!

Antes de la puesta del sol, las compañeras de cabaña caminamos juntas para ir a ver la película. Me emocionaba tener esa experiencia de niño grande. Pero la película no coincidía con la mágica atmósfera de Wentz que había imaginado: *Invasores de Marte*. Quizás no sea la mejor opción para niños pequeños en su primera noche en un campamento repleto de mosquitos.

## CUESTIONANDO A LAS AUTORIDADES

En esa película, un joven, David, se percata de un cambio de personalidad después de ver un piquete rojo a lo largo de la línea del cabello en la nuca de su padre. Poco a poco se da cuenta de que otras personas en el pueblo tienen esta marca peculiar, y que también se están comportando de una manera fría y hostil: vecinos, maestros, policías. Al fin de cuentas, David descubre que unos marcianos humanoides han implantado cristales de control mental en los cerebros de estas figuras adultas de autoridad.

Recuerdo haber vigilado de cerca a los monitores del campamento toda esa semana, siempre revisando la nuca en busca del característico punto rojo. *¿Piquete de mosquito o intromisión marciana? ¿Son confiables estos adultos?*

Parecía una extraña tarea en medio de un reino.

Esta fue la primera vez que me cuestioné si la gente en quien confío realmente merecía mi devoción. Si realmente les preocupara mi bienestar. Si no habían sido contaminados por algo extraño o corrupto.

## DEFINIENDO LA CONFIANZA

Afortunadamente, la mayor parte de mi vida no he sido decepcionada por la gente en quien he puesto mi confianza, aquéllos que han tenido la carga de protegerme y guiarme. Pero, como una hija adulta de Dios, a menudo me he encontrado cuestionando al Rey mismo. Si es siempre bueno, siempre a mi lado, siempre protegiéndome. *¿Puedo confiar en Él?*

Según Charles Pope, la confianza es «la convicción estable de que lo que sea que decida Dios hacer, es lo correcto. Significa estar en paz

# DESVIACIÓN DIVINA

con lo que haga, con lo que Él decida.» La confianza es una creencia en *lo correcto* de lo que Dios dice y hace debido a Su naturaleza.

No es la seguridad de que todo saldrá como queramos o de que Dios ofrecerá una explicación cuando no sucede así. Es el hecho de que Él es sólido y constante. Que podemos apoyarnos en Él mientras Él guarda nuestros mejores intereses cerca de Su corazón.

Me tocó el deber de cocina el segundo día del campamento... la noche que comimos espagueti y que todo fue un desorden... y con ese niño malo de octavo grado. Nunca entendí por qué la única amiga que había hecho no pudo acompañarme en mi grupo de actividades vespertinas. El monitor que me tocó me parecía un poco frío y hostil... casi humanoide. (Le revisé rápidamente la nuca.) Pero los adultos del campamento fueron constantes en la seguridad y el cuidado. Así como eventualmente aprendemos sobre nuestros padres, falibles como son, debí haber confiado en ellos desde antes.

Todavía hoy, con una enfermedad crónica, la confianza es una mercancía costosa y me ha costado mucho confiar incluso en mi Dios infalible.

## ¿SE PUEDE CONFIAR EN DIOS?

En medio del primer bajón de mi salud, escribí esto en mi diario: Recibí los resultados del ecocardiograma de ayer. Para nuestra triste sorpresa, la función de mi corazón disminuyó significativamente. Estamos un poco adormecidos por este golpe inesperado. Nos sentimos impotentes en momentos así; hacemos todo lo posible y, sin embargo, a veces todo se nos desliza de las manos. A estas alturas sé que debo confiar en que Dios está totalmente en control. Es una petición difícil, con los doctores desconcertados una vez más. Pero hasta en medio de todo esto, sigo asombrada por una gracia palpable; y sé que mi paz viene de un lugar fuera de mí, de ese lugar de gracia.

Estoy desarrollando un conocimiento profundo, aunque a veces impreciso, de que la verdad y fuerza de Dios permanecen sin cambiar a pesar de mi salud, que obviamente no lo hace. El sufrimiento vendrá si confiamos en este Dios o no. El descontar a Dios no disminuirá nuestro dolor. Solo quitará la fuente de gracia. La diferencia es esta: La confianza trae gracia y la gracia nos trae paz… y eso es lo que necesitamos más que cualquier otra cosa.

Si alguien llegara a preguntarse si se puede confiar en Dios, seguramente sería Pablo. Bajo una presión más allá de lo que él pudiera soportar solo, Pablo, en un punto, perdió «la esperanza de salir con vida». Ciego, náufrago, encarcelado, y eventualmente asesinado, Pablo debió haberse preguntado si su Dios se habría vuelto frío y hostil. A lo largo de todo eso, los mensajes de Pablo dependían mucho de estas dos palabras: gracia y paz. Ellas solidifican nuestro entendimiento de un Dios confiable.

Paz para soportar esta vida; gracia para asegurar la que sigue.

La semana que pasé en el campamento no resultó tal como lo había soñado. No era porque los monitores no eran confiables sino porque este mundo roto nos anima a desear algo más, y sospecho que tiene algo que ver con la gracia y paz de Pablo.

No sé por qué, pero esperaba una vida fácil con oraciones contestadas a mi manera y a mi tiempo. Nunca esperé gracia y paz, las dos cosas que resultan ser lo único que realmente necesitaba.

## EXPECTATIVAS MÁS PRECISAS

Entonces, tal vez tengamos que borrar algunas cosas de la memoria.

Aunque Dios siempre es bueno y confiable, nunca nos dijo que nuestras vidas lo serían. De hecho, dijo justo lo contrario. Dios verdaderamente comprobó su fidelidad cuando nos dijo en Eclesiastés que este mundo nos dolería. Pero, el mismo Dios que nos dijo que la vida iba a ser difícil, también nos envió su Espíritu para llenarla de gracia y paz.

Este fiel Dios nunca deja de rescatarnos de un mundo poco confiable. Y aun mientras vivimos vidas cortas aquí, Dios nunca permite que gane el enemigo. Constantemente busca nuestro bien dentro de Su perfecta voluntad.

## DESVIACIÓN DIVINA

«Ahora bien, sabemos que Dios dispone todas las cosas para el bien de quienes lo aman, los que han sido llamados de acuerdo con su propósito» (Romanos 8:28 NVI).

Aunque no lo entendamos ni lo veamos, podemos confiar en esta verdad que nos dejó la pluma de Pablo. Nuestro fiel Dios lo dijo, y hasta en medio de momentos en los que todo se desmorona, he experimentado la gracia y la paz para creerlo.

Porque aun con tanta incertidumbre en mi vida, ya conozco el final de la historia, donde los castillos y los reinos no son en miniatura ni hechos por manos humanas, donde los cristales de control mental se intercambian por algo más arriesgado: el libre albedrío.

Y, como en toda la trama, en nuestro Dios siempre se puede confiar.

DÍA 20

# Los dos lados del agua

Después de remodelar extensamente nuestra casa, necesitábamos la lluvia para que la semilla del pasto, sin sistema de riego, brotara bajo el sofocante calor del verano. De acuerdo con nuestros planos amateur, la puerta exterior del nuevo vestidor (un cuarto para dejar los zapatos sucios y los abrigos al entrar en la casa) se instaló un poco por debajo del nivel del suelo. Por lo tanto, cada vez que llovía fuerte durante aquel verano, el pasto crecía, pero el vestidor se inundaba.

Y cada vez que llovía ahí estábamos mi esposo y yo, descalzos (normalmente alrededor de las 3:00am), desesperadamente tratando de sacar el agua con unas escobas, sin éxito. Como resultado, perdimos proyectos escolares, un plato del perro, zapatos para beisbol, y un poco de sanidad mental.

Parecía que el agua que necesitábamos para sobrevivir a veces amenazaba con destruirnos.

Creciendo en una familia de granja, aprendí esta lección a muy temprana edad. Las mismas lluvias que pedíamos que vinieran para que los cultivos crecieran, pedíamos que se detuvieran para poder cosechar. Y, al final de cuentas, nos rendíamos ante la precipitación que parecía controlar toda nuestra vida.

### EL BIEN Y EL MAL JUNTOS

El agua, al igual que mi vida, a menudo ha parecido tener dos caras opuestas: lo bueno y lo malo.

Mi hijo introspectivo me sorprendía con frecuencia con comentarios que estaban muy por encima de su edad. A los ocho años de edad me dijo confiadamente: «Hay un poco de lo bueno y de lo malo en todo.» ¿Cómo puede un niño saber que lo bueno y lo malo de la vida siempre fluyen en el mismo arroyo? Tal vez se había dado cuenta de que el agua con la cual luchábamos en el vestidor también contenía algo bueno.

Dios, el Autor, utiliza esta idea dicotómica de manera extensiva. Las metáforas del agua aparecen cientos de veces a lo largo de la Biblia. Y todos se relacionan con uno de dos temas: las pruebas o la salvación. El agua representa lo bueno y lo malo en la vida. Arruina y restaura; contamina y limpia.

«¡Sálvame, Dios mío, porque las aguas ya me llegan al cuello!» (Salmo 69:1 NVI).

«Con alegría sacarán ustedes agua de las fuentes de la salvación.» (Isaías 12:3 NVI).

Por medio de mi enfermedad, he descubierto que en lugar de representar ideas individuales contradictorias, estas imágenes del agua realmente reflejan un proceso: desde contratiempo hasta salvación. El agua enmarca cualquier jornada espiritual. Representa las pruebas que no podemos controlar humanamente para que podamos ser lavados en Su corriente salvadora.

Los dos lados del agua son el cuadro completo del plan de Dios para acercarnos a Él.

Él sabía que tendríamos que sentir el subir del agua para necesitar un rescate.

Él sabía que la gracia no significaría nada si no nos salva de algo.

Él sabía que tendríamos que experimentar la desesperanza para apreciar la santidad.

### LLUVIAS POR UNA RAZÓN

Sin embargo, la mayoría de nosotros preferiríamos evitar el lado peligroso del agua y pasar directamente al arroyo salvador. Pero nuestro Dios nunca permite los atajos espirituales.

Muchas veces, en la historia continua de Dios, las pruebas que no se esquivaron y las inundaciones que aún llegaron, acercaron al que sufre más al corazón de Dios: Pablo en la prisión, Daniel en el foso, José en la esclavitud, Jesús en Getsemaní.

E incluso yo, en las aguas crecientes de la insuficiencia cardíaca.

«De hecho, dentro de nosotros mismos ya teníamos la sentencia de muerte, a fin de que no confiáramos en nosotros mismos, sino en Dios que resucita a los muertos» (2 Corintios 1:9 NBLA).

Dios quiere que sepamos de primera mano que Él es mucho más grande que cualquier cosa que pudiéramos enfrentar, mucho más grande que nuestro dolor. Por lo tanto, Él permite que ocurran las partes incómodas (incluso las que dejan moretones) de la vida. Como lo dice Rick Warren: «Dios se interesa más en nuestro carácter que en nuestro confort.» Dios desea, más que nada, desarrollar en nosotros un carácter que nos sostenga hasta la eternidad, hasta llegar a lo eterno con Él.

Y nuestro buen Dios supo que tal intimidad requeriría los dos lados del agua.

Así que estoy aprendiendo a apreciar el lado difícil del agua. Charles Spurgeon lo expresó de esta manera: «He aprendido a besar las olas que me lanzan contra la Roca de los Siglos.»

## ACERCÁNDOSE

Cerca de terminar la remodelación, nos sentimos hundidos en el estrés. Mi esposo y yo estábamos —de manera inusual— en desacuerdo el uno con el otro. Algunos miembros de la familia habían fallecido trágicamente a una edad demasiado joven. Los costos de la construcción habían superado incluso las estimaciones más altas. La vida giraba fuera de control. Sin embargo, por alguna razón, algo me dio risa durante otra inundación en el vestidor un día en la madrugada. Quizás por el agotamiento, quizás por la pura ridiculez de la tarea, quizás por ver a mi esposo en su ropa interior y chanclas sosteniendo la escoba. Era esa clase de risa que te hace retorcer el estómago al intentar contenerla.

En breve, ambos estábamos riendo. De repente, recordé qué tanto amaba a ese chico despreocupado del bachillerato que se había convertido en un padre devoto. Y supe, a pesar de todo lo que estábamos enfrentando, que lo elegiría una y otra vez.

Pero tal vez no lo habría reflexionado si no hubiera sido por la inundación.

De regreso, después de un chequeo desalentador sobre mi insuficiencia cardíaca, escribí esto en mi diario:

*El viaje resultó tanto bueno como malo. Siempre es bueno pasar tiempo sin interrupción con mi mejor amigo. La primera parte fue sin preocupaciones porque no esperábamos las malas noticias que estábamos a punto de recibir. Ahora estamos manejando por el estado de Indiana y está lloviendo muy fuerte. No tenemos paraguas. Y se me ocurre que muchas veces las tormentas nos agarran desprevenidos. Entonces, probablemente no es coincidencia que toneladas de agua se están derramando sobre el pavimento mientras manejamos. La tormenta de la salud ha vuelto... pero esta vez no tengo tanto miedo. Recuerdo que tenemos un arca. Solo tenemos que elegir subirnos de nuevo.*

Lo bueno y lo malo continúan en corrientes entrelazadas y, debido a todo ello, mi Dios y yo nos hemos acercado más. Tal como lo hicimos mi esposo y yo aquel día en el vestidor.

El vestidor debía haber sido un punto débil en nuestra relación, un mal recuerdo. Pero el vestidor, mi enfermedad, tu desviación son los puntos donde consideramos nuestras opciones: rendirnos ante este Dios o elegir la relación nuevamente. Subirnos al arca o enfrentar el diluvio a solas.

A través de las tormentas de la vida he llegado a entender mejor quién es Él. No es un Dios que me da todo lo que quiero, sino un Dios que abrirá los mares para acercarme a Él.

Después de todo, el arcoíris no promete que no volverá a llover.

Promete que cuando sí llueve, aun si parece que toda la vida se está inundando, Él tiene todo bajo control. Este Dios que trabaja en los dos lados del agua.

DÍA 21

# Un lapso de fe

T ú, también!»
El destino de mi diario vivir colgaba de estas dos palabras. Antes de subirme al autobús escolar hacia el cuarto grado, me hice el hábito de decir a mi mamá: «Que tengas un buen día.» A veces me oía y me respondía; otras veces, distraída por tres hijos más de edad escolar, me ignoraba o solo asentía la cabeza. Entonces repetía lentamente: «Que tengas... un... bueeeeen... díaaaaaa», mirándola fijamente con la ceja levantada e intentando sacar de ella la respuesta requerida. (A veces incluso fingía haber olvidado un libro o mis guantes para poder correr de nuevo a la casa e intentar otra vez.

## BUSCANDO REAFIRMACIÓN

Yo necesitaba escuchar que estaba de mi lado mientras me aventuraba por el aterrador mundo exterior, para reafirmar lo que ya albergaba en mi corazón.

Necesitaba pruebas externas para sostener el conocimiento interno.

Muchas veces en mi vida he necesitado tal reafirmación de parte de Dios para poder construir un puente sobre los lapsos de mi fe. Y las Escrituras sugieren que no estoy sola.

Recuerdo haberme identificado al principio con Gedeón, que temblaba mientras extendía el vellón durante un lapso de fe como el mío. Pero como un adulto con una enfermedad crónica y progresiva, pienso más seguido en Juan el Bautista sentado en la cárcel contemplando una muerte casi segura.

Los dos anhelábamos un mensaje claro: «¿Eres tú el Mesías a quien hemos esperado o debemos seguir buscando a otro?» (Mateo 11:3 NTV). Porque lo que estoy viviendo no parece para nada a lo que esperaba. Al igual que Juan, sé que si estoy equivocada en todo esto ahora sería un buen momento para saberlo. Pero, ¿cómo es posible que Juan no supiera? ¿Cómo es posible que yo no sepa? Los dos hemos sido testigos de Su gloria y Su Espíritu.

Sin embargo, agotados por las luchas físicas y espirituales y por las expectativas nebulosas, con tanto en juego, necesitamos reafirmación. Una vez más.

*Dios, normalmente estás muy al pendiente, pero últimamente no estás actuando como eres Tú.*

*¿Es este un lapso mío o tuyo?*

## DEFINIR LA PALABRA LAPSO

Un lapso de fe es diferente que un abandono total. En la iglesia primitiva, la palabra *lapsi* se refería a los que públicamente renunciaban a su fe ante la persecución, solo para volver a ella en tiempos más seguros. Un *lapso* es un declive o desviación temporal de un estado esperado, deslizarse de un estándar cuando las cosas se complican.

Eso me sucedió al enfrentar una crisis de salud en mi vida que no podía reconciliar con lo que sabía que era verdad acerca de mi Dios.

Un lapso es un punto débil en la fe, un ajuste flojo. Es cuando la vida nos lleva por un camino inesperado y continuamos en fe, con cinta de precaución alrededor de la duda. *Lo estoy haciendo, Dios, pero necesito un andamiaje. Siento que me caigo. Necesito saber que eres real.*

Después de un diagnóstico repentino e inesperado (y que sentí que no merecía) de insuficiencia cardíaca en etapa terminal, y tras años de manejar sus altibajos, he sentido la amplitud del lapso: un año y medio sin mejora a pesar de las cadenas de oración continuas y el mejor equipo médico disponible. Luego la restauración inesperada seguida de declives inexplicables. Le he confesado a mi esposo que ni siquiera necesariamente quiero ser completamente sanada. Esto estaría bien, por supuesto, pero lo que realmente quiero es ver a Dios obrar, aun un poquito. Saber que Él está ahí, que escucha y que sabe.

Como Juan, necesitaba palabras de Dios para atravesar la brecha de la fe.

## LAS PALABRAS IMPORTAN

En el cuarto grado, cuando mi mamá me contestaba: «Tú, también», sabía que eran solo palabras, sin embargo, aunque era ingenua, sabía que las palabras importaban. Incluso solo dos de ellas.

Todos conocemos el poder de un par de palabras sencillas.

«Muchas gracias».

«Lo siento».

«Sí, acepto».

«Insuficiencia cardíaca».

«YO SOY».

Solo dos diminutas palabras pueden hacer toda la diferencia. Nada de lo que estamos viviendo cambia, pero el lapso se atraviesa.

En lugar de rescatarnos de la condición, Dios a menudo utiliza dos palabras para atravesar la brecha entre Él y Su hijo. Utiliza Su Palabra: «En el principio ya existía el Verbo, y el Verbo estaba con Dios, y el Verbo era Dios.... Y el Verbo se hizo hombre y habitó entre nosotros» (Juan 1:1, 14a NVI).

Fiel a Su naturaleza, en segmentos de dos palabras, Jesús envió la reafirmación que Juan el Bautista necesitaba.

*Vuelve ya*
*dile a Juan*
*ciegos ven,*
*cojos andan,*
*leprosos sanados,*
*sordos oyen,*

*muertos resucitados*
*evangelio proclamado.* Jesús le envió esta profecía familiar de Isaías como una cuerda salvavidas, sabiendo que seguramente Juan la reconocería. Una fe sólida nunca fue más importante que en ese momento.

## LA BRECHA SAGRADA

La enfermedad crónica me ha enseñado que los lapsos pueden provocar que nuestra fe se suspenda en el tiempo. Sin embargo, en ese espacio, Dios realmente refuerza nuestra creencia transformándola en algo más fuerte de lo que habría sido de otro modo, capaz de enfrentar lo que venga a continuación. Necesitamos un puente de las viejas expectativas a la realidad actual. Dios reconoce esto y está realizando una obra sagrada en ese lugar.

De mi diario después de mi primer gran declive tras la recuperación:

*Manejando por primera vez después de regresar de la Cleveland Clinic, mi mente ocupada en quehaceres se despejó lo suficiente para reconocer un sentimiento familiar, una brecha entre Dios y yo. El espacio vacío donde no lo puedo alcanzar, o quizás donde no me puede alcanzar a mí. Con mi función cardíaca reducida a los mismos niveles de hace dos años, todo mi progreso intermedio se ha desvanecido. No terminó mi historia de la forma que yo quisiera. Dentro del auto, me detuve en un alto y le grité a Dios: «¿Por qué no? ¿Ahora qué?» Después, completamente desahogada, encendí la radio y escuché la letra de una canción: «Aun si no lo haces, mi esperanza está solo en ti». Y en ese momento sabía que Él me había escuchado.*

La parte más hermosa de un lapso de fe es que Dios siempre envía una respuesta para atravesarlo. La respuesta no siempre es sí, no siempre ocurre a nuestro tiempo, no siempre trae rescate de las circunstancias, pero siempre trae la paz que necesitamos para atravesar la brecha. Y esta gracia y paz son dos de los regalos más dulces en esta vida.

Igual como en el caso de Juan el Bautista, mi situación no se ha

# DESVIACIÓN DIVINA

revertido, pero mi fe se ha visto reforzada. La reafirmación ha sido entregada de parte de hermanos creyentes quienes se han atrevido a entrar en mi prisión de dolor e incertidumbre.

*Estoy aquí.*
*Jesús sana.*
*Dios ama.*
*La oración funciona.*

Tal como lo hizo la respuesta de mi mamá hace tantos años, la reafirmación externa de Dios fortaleció mi fe. Nada profundo. Solo palabras sencillas y preciosas que me acompañan a través del vacío.

Me encuentro preguntándome si Él es El Verdadero, si todo esto tiene sentido, si está velando por mí, un ser singular en un mar de humanidad. Y si pongo mucha atención, a menudo lo oigo responder por medio de los labios de los demás, con dos palabras que necesito escuchar: *Tú, también.*

DÍA 22

# El síndrome de lo reciente

Mi hija mayor estaba enamorada de su papá desde el primer momento. Tenían una relación de la que no estaba segura de poder formar parte alguna vez. Todos conocían el vínculo especial que compartían.

Cuando ella apenas empezaba a hablar e interactuar con la gente, un amigo de la familia jugaba con ella. Su buen humor y bromas estaban diseñados para poner a prueba ese vínculo. Desde el otro lado de la mesa del restaurante, le preguntaba a mi pequeña de ojos brillantes qué amaba más: los dulces o las piedras. Ella repetía: «Piedras». Después le decía: «¿Qué amas más, los pececitos o las piedras?» «Piedras». «¿Perritos o piedras?» «Piedras». Entonces, sabiendo que ya estaba bien entrada en el juego, le decía: «¿Cuál amas más, a tu papá o las piedras?» «Piedras». Y todos reíamos y mi esposo hacía una mueca. Pero mi hija no tenía idea de lo que había hecho.

A menudo sin darnos cuenta, creemos en lo último que oímos, vimos o experimentamos.

## UN PREJUICIO PELIGROSO

Se llama el síndrome de lo reciente: la tendencia de recordar más fácilmente los eventos que ocurrieron recientemente. Cuando enseñaba un curso sobre la supervisión a estudiantes de negocios en la universidad, abordábamos este tema en términos de evaluaciones del desempeño de los empleados. Puede ser un prejuicio peligroso en los negocios, pero aún más amenazante en nuestras vidas espirituales.

No hace mucho, llegué tranquila a la Cleveland Clinic esperando una revisión rutinaria del corazón. Después de más de dos años en el límite inferior de lo normal, manteniendo la insuficiencia cardíaca crónica bajo control, me tomó completamente por sorpresa la noticia de que mi función cardíaca había disminuido significativamente. En ese momento, mi último encuentro notable con Dios parecía no ser muy favorable. El «síndrome de lo reciente» podría dictar que Él no es un buen Padre. Mi último recuerdo no es de Su cuidado.

¿Papá o piedras?

Piedras.

Aparecieron palabras en mi expediente que todos pensábamos que habían sido borradas desde hace mucho tiempo: «Ventrículo izquierdo severamente dilatado». Otra vez.

Los doctores se inquietaron. «Quizás una ablación podría ayudar.» Mi primer pensamiento: *demasiado poco, demasiado tarde.*

Pero al final de cuentas, es demasiado pronto. Demasiado pronto para juzgar el camino de Dios, Su carácter o Su cuidado.

Hay una sutil diferencia en las siguientes afirmaciones, aunque de hecho son idénticas: *Estoy viva, pero no sanada,* y *no he sido sanada, pero estoy viva.* La última frase en nuestros labios es la que enfatizamos. Y es en lo que más creemos en nuestro corazón a menos que recordemos a nuestra mente que nuestro Dios es uno más perdurable.

### DE CRISIS A CORONA

José creía en un Dios de largo plazo. Resistió la atracción del «síndrome de lo reciente». Eligió confiar que el pozo y la esclavitud no contaban la historia completa de su vida ni de su Dios. Incluso cuando lo reciente se siente como maldad, confusión o sufrimiento.

«Ustedes se propusieron hacerme mal, *pero Dios dispuso todo para bien*». (Génesis 50:20a NTV, énfasis añadido).

La crisis corta de doce años de José, al final, le proporcionó una corona para que pudiera salvar a su familia.

¿Quién sabe lo que tiene Dios reservado para nosotros en el camino inesperado? Como explica Max Lucado: «En las manos de Dios, el mal intencionado se transforma en un bien eventual». Las piedras se transforman en regalos. Una crisis se convierte en corona. Y la receta secreta es el tiempo.

Cuando tenía que disciplinar a mis hijos, a veces me preocupaba que algo les sucedería a ellos (o a mí) y la última conversación que tuvimos, su último recuerdo o el mío, sería ese conflicto. Pero nuestra familia tenía una historia, una vida que habíamos formado juntos. Era ridículo de mi parte preocuparme de que todo lo que recordarían de mí fuera nuestra última interacción. Y, sin embargo, con demasiada frecuencia hacemos eso con Dios.

Esto abarata el amor de Dios al reducirlo, y a Él, a una línea de tiempo lineal.

Donde solo recordamos las piedras.

Y no es justo juzgar el carácter de Dios ni Su amor por nosotros según cuánto tiempo ha pasado desde la última vez que respondió una oración como queríamos.

Ni una foto, ni siquiera una colección de museo lograría capturar la esencia de nuestro asombroso Dios. Su naturaleza dinámica jamás se podría reducir a algo tan simple. José, desheredado por sus hermanos, no permitió que un solo evento hiciera tambalear su fe ni que pintara el retrato completo de su Dios.

Ahora, al mirar hacia lo que viene, quizá ya tan sanada como alguna vez llegaré a estar, el «síndrome de lo reciente» amenaza dictar la naturaleza de mi Dios. Como cristianos en un mundo caído, todos luchamos contra esto a diario. Podemos elegir la última experiencia como la verdad completa, o podemos creer en el Dios del largo plazo. Podemos recordar a un Dios que recién nos decepcionó, o podemos recordar al Dios de toda nuestra vida.

Para los cristianos, el "No" es solo la versión a corto plazo de una historia más larga, la que se ve a través de la lente borrosa y miope de este mundo. Frederick Buechner dice que: «El evangelio es una mala noticia antes que una buena noticia.»

## EL DIOS DEL LARGO PLAZO

Así que, la vida sigue.

A veces en una vida fiel, las circunstancias empeoran en lugar de mejorar. La fe en la gracia futura que Dios tiene para nosotros, en su plan a largo plazo, es lo que nos sostiene en aquellos momentos desesperados.

Al revisar mi diario, algunos días he estado desesperada y llena de dudas. Pero en el relato completo, ahora puedo ver que Él es fiel. Y el Diario de los Siglos, la Biblia, nos recuerda a todos el paciente amor y cuidado de Dios.

Un año después de mi diagnosis, escribí esto en mi diario esperando a ver qué haría Dios:

*Tal vez me sane, y tal vez no. Siempre pretende algo más profundo: hacer que nuestras vidas tengan un significado eterno. A veces esto requiere atraer nuestra atención por medio de la sanación o la respuesta a una oración física, pero no siempre es así. Él siempre se dedica a salvar nuestras almas, sin importar lo que le cueste, ni lo que nos cueste.*

Igual que la historia de Jesús, la historia de José es la saga de toda la Biblia. Y de la vida de cada uno de nosotros. Una historia primero de crisis, y luego de una corona, donde se confía en el Dios del largo plazo que camina con nosotros en medio de todo.

Él siempre ha enfatizado lo que perdura sobre lo inmediato, el conocimiento personal sobre los hechos, las relaciones profundas en lugar de los deberes. Y solo por medio de Su Espíritu eterno es que nos convertimos en algo más grande, más fuerte y duradero de lo que somos.

¿*Crisis o corona?*

¿Papá o piedras?

El reto es recordar toda la historia, no solo la parte que estamos viviendo actualmente. Quizás se requiere de todos los capítulos, y no solo los más recientes, para que la historia tenga sentido.

Quizás se necesitan tanto el Papá como las piedras.

Tal como se necesitan tanto la crisis como la corona.

DÍA 23

# Años de langostas

Las langostas no invaden los cultivos de trigo en el centro-sur de Kansas... o por lo menos así fue cuando yo vivía ahí. Pero había muchos insectos más.

Y los saltamontes podían destruir un huerto familiar en una sola noche. Ahora como residente en un lugar boscoso en el noroeste de Arkansas, he aprendido que una familia tranquila de venados puede destrozar un jardín provinciano de *hostas* preciadas en un abrir y cerrar de ojos.

Mamá no escatimaba en los químicos del cooperativo para pelear su guerra en el jardín. Aun con el aerosol repelente de venados, las redes y un veloz y feroz perrito salchicha, mi esposo y yo no logramos ganar la batalla.

Hace tantos años, los saltamontes devoraron nuestras reservas de conservas para el año: pepinillos y quimbombó, elotes y ejotes. Ahora los venados destruyen las plantas de nuestro hermoso jardín y así se queda hasta la siguiente primavera. En ambos casos, hemos sido incapaces de restaurar lo que tanto trabajo nos había costado.

## REDIMIENDO EL PASADO

En el Antiguo Testamento, Dios promete al pueblo de Israel restaurar todo de nuevo, a pesar del desastre de una invasión de langostas que duró cuatro años.

«Yo los compensaré a ustedes por los años en que todo lo devoró ese gran ejército de langostas» (Joel 2:25 NVI).

Una promesa desconcertante en medio de una incertidumbre devastadora.

De mi diario:

*No hace mucho, presentaba insuficiencia cardíaca con fracción de eyección recuperada, pero ahora he vuelto a la insuficiencia cardíaca con fracción de eyección reducida. A pesar de que he sobrevivido, no puedo dejar de sentir que estos años han sido de algún modo un desperdicio. Años de esfuerzo incansable... ajustando medicamentos, eliminando el sodio, lidiando con una fatiga constante, reorganizando mi vida por completo, todo para nada. Todo fue un esfuerzo inútil. ¿Y ahora qué viene? ¿Sería otra historia si hubiera reconocido los síntomas hace tantos años?*

Años consumidos por langostas.

Como los cultivos anuales y las hostas, los años que se han consumido no existirán ya más.

El tiempo pasa y nunca vuelve.

Todos hemos sentido un tirón de decepción al mirar por el espejo retrovisor. Para muchos de nosotros, ese espejo está manchado de langostas y el daño irreparable que han causado. Vemos el reflejo de años que podíamos haber vivido de una manera diferente o mejor.

Los años de langosta son años que ruegan por una segunda oportunidad, un nuevo comienzo, una revancha. A menudo lamento estar en un camino que no elegí. Pero a veces debido a las oportunidades perdidas, o a las malas decisiones, nos encontramos en un camino que sí elegimos y cargamos con un pesado remordimiento.

Dios lo sabe, y ha provisto una forma de restituirlo todo.

Ya sea que nuestros años de langosta se cuenten por unidades o por decenas, ya sea por una elección mal informada o por una circunstancia no elegida, Dios promete redimirlos todos.

### RECUPERANDO EL FUTURO

Pero Él promete aún más.

## DESVIACIÓN DIVINA

Los años de langosta también son años futuros que se nos han quitado debido a lo sucedido. Quizás perdimos a un ser querido demasiado pronto; un matrimonio desmoronado nos privó de un compañero de vida; una carrera o un nuevo emprendimiento infructuosos nos robaron una jubilación segura. O tal vez, como en mi caso, las langostas de la enfermedad han invadido.

Las pérdidas pueden afectar a más que nuestro pasado. Debido a lo perdido, nuestro futuro sale amenazado también.

En la granja donde crecí, mi papá guardaba parte de la mejor cosecha de trigo como semilla para la próxima temporada de siembra. Si el granizo, la sequía o incluso el exceso de lluvia arruinaban la cosecha de un año, también afectaban la semilla que habría de dar fruto en los años venideros. Un mal año podría alcanzar hasta un futuro lejano.

Las invasiones de langosta en la Biblia tuvieron un impacto similar durante varios años. Para los israelitas, la cosecha se destruyó cuatro años seguidos. Las viñas y los árboles frutales tardaron años para establecerse de nuevo y para volver a dar fruto. Como en mi niñez, la cosecha de trigo perdido de un año robó las semillas del año venidero.

Nuestra desolación puede abarcar muchos años también. Necesitamos que Dios restaure no solo nuestro pasado sino también nuestro futuro. El problema es que nuestra pérdida actual a menudo nos ciega.

El escritor Scott Hubbard dice: «Nuestros peores días tienden a enterrar las misericordias de Dios en el pasado y oscurecen las promesas de Dios para el futuro».

Lo sucedido puede crear remordimiento hacia el pasado y, a su vez, destruir nuestra esperanza del futuro.

Pero Jehová es un Dios de maravillas. Él promete lo que parece imposible.

Él promete llenar los tallos vacíos del remordimiento en nuestras almas.

Él promete tornar nuestro futuro nebuloso en algo que brilla con esperanza.

Él promete restauración.

## COMO SI NUNCA HUBIERA PASADO

Restaurar significa volver, restablecer, hacer como nuevo. Como si nunca hubiera pasado...
Como si las langostas nunca hubieran invadido.
Como si la insuficiencia cardíaca, o cáncer, o esclerosis múltiple jamás se hubieran diagnosticado.
Como si la oportunidad no se hubiera desperdiciado.
Como si la relación no hubiera terminado.
Así es como funciona nuestro corazón lleno de la gracia de Dios. No es una compensación ni un favor que de alguna forma equilibre todo, sino es una restauración, como si no hubiera pasado.

Nuestro Dios no está limitado por el tiempo. Él puede redimir completamente tanto el pasado como el futuro. Dios dispone todo para restaurar lo que el pecado y un mundo roto nos han costado. Lo que las langostas hayan hecho para destruir nuestro testimonio o la vida de un hijo pródigo que conocemos, Él está listo para restaurarlo todo. En los dos lados del tiempo.

Es Su naturaleza y está en Su corazón. Y, sobre todo, es Su promesa.

Charles Spurgeon dice referente a los años de langosta: «Esta promesa solo se cumple por la inmensa gracia de Dios». Si podemos soltar nuestro agarre del lápiz, no solo será Dios quien escriba nuestra historia, sino que también Su gracia la enderezará.

Parado en un campo devastado por langostas, o en un jardín invadido por saltamontes, o incluso solo en el pasto destruido por venados, la restauración puede parecer muy lejana. Pero Dios nos ve. Él conoce nuestra historia. Ahora mismo, el cielo y la tierra se están moviendo por un Dios fiel que ya ha determinado el resultado de nuestras situaciones. Y tiene una larga lista de referencias de Su negocio de restauración:

Moisés, el asesino elegido por Dios para guiar a los israelitas de la esclavitud.

David, el adúltero que se convirtió en un hombre conforme al corazón de Dios.

# DESVIACIÓN DIVINA

Rahab, la prostituta cuya descendencia produjo al Hijo de Dios.

Pablo, el asesino de cristianos que fue el autor de la mayor parte del Nuevo Testamento.

Zaqueo, el despreciado publicano que dejó un legado fiel a su familia.

El perdón, la gracia y la resurrección misma se basan en la restauración.

De hecho, toda la Biblia es la historia de Dios restaurando la relación del hombre con Él. La historia de hacer nuevo tanto a nuestro pasado como a nuestro futuro una vez más. Como si el desastre nunca hubiera pasado.

Parece que podemos confiar que Él tiene bajo control estos años de langosta.

Mientras tanto, seguiré premiando a mi pequeño perro salchicha por corretear a la familia extendida de Bambi fuera de mi jardín delantero.

DÍA 24

# Languidecer y palabras prestadas

Fue el tema de cada conferencia de padres y maestros en aquel año, y me siguió hasta mi adultez. Me persigue aún el día de hoy. Fue tan significativo y memorable que mi papá y yo lo rememoramos durante sus últimas semanas, y hasta lo incluyó en el recuento escrito de su vida, por lo que todos agradecimos el tiempo que se tomó para registrarlo.

Fue ese tiempo desconcertante en la secundaria que nunca he podido explicar: los meses que siempre olvidaba mi libro de matemáticas. Tenía tarea cada noche y necesitaba ese libro. Lo sabía. Pero, por alguna razón, me quedaba en blanco cada tarde justo antes de la salida. Recuerdo abrir la tapa abatible de mi pupitre y apoyarla en mi cabeza encorvada. Intentaba crear un lugar seguro donde pudiera concentrarme el tiempo suficiente para poder recordar, pero lo suficientemente rápido como para no perder el autobús escolar.

Mi papá era amigo del director de la escuela, entonces después de verme romper en llanto, mi mamá hacía la llamada de larga distancia a la oficina de mi papá. Mucho después de que todos debían estar ya en casa, mi papá convencía al director de verse con él de vuelta en la escuela. No sé por qué, pero no me molestaba que mi mamá llamara a mi papá, y que mi papá hablara con el director. Me alegraba que hablaran por mí.

Estoy segura de que hay algo que decir de este estilo de crianza de hijos, y del valor de las consecuencias naturales, pero esto será para otro día.

Viéndolo desde ahora, puedo ver que algo más grande estaba ocurriendo. Este escenario doloroso sucedía vez tras vez y me sentía impotente para impedirlo. Y, por alguna razón, completamente en contra de mi personalidad organizada que piensa que todo se puede, me hice para atrás.

Sabía que estaba atorada.

No sabía que languidecía.

## LANGUIDECER NO ES NUEVO

"Languidecer" significa volverse sin fuerzas o débil, pero al mismo tiempo aturdido y confundido. Sucede cuando te encuentras atrapado en un lugar estrecho o en una circunstancia incómoda.

Un prisionero puede languidecer en la cárcel, anhelando su libertad.

Un paciente puede languidecer en la enfermedad, deseando alivio.

Una persona puede languidecer en el pecado, esperando la redención.

Todo es a la vez demasiado abrumador y no lo suficientemente cautivador. Cada tarea requiere un esfuerzo hercúleo de motivación. Estamos cansados, agotados y desmotivados, pero también inquietos, ansiosos por participar e intentando hacer lo necesario.

En el Salmo 6:2, David lo sintió: «Ten piedad de mí, Señor, pues languidezco; sáname, Señor, porque mis huesos se estremecen» (LBLA).

Desde mis problemas continuos de salud, los salmos como este se han vuelto un amigo para mí, un abogado. Y ahora empiezo a entender el porqué.

Los salmos ocupan un lugar único en la Biblia porque «la mayor parte de la Biblia nos habla, pero los salmos hablan por nosotros».
–Atanasio de Alejandría

DESVIACIÓN DIVINA

## UN DÉJÀ VU DIFÍCIL

Lo pesado de languidecer se intensifica cuando sigue sucediendo. Como el fiasco con mi libro de matemáticas.

Ahora recuerdo que, mientras esperábamos que la oficina llamara a los estudiantes del autobús, mi maestra había comenzado una rutina de «carreras de matemáticas» en que los estudiantes pasaban al pizarrón de dos en dos y se les daba un problema de división larga para resolver a toda velocidad frente a los demás alumnos. El ganador recibía el aplauso del grupo. Sin embargo, me sentía como si mi vida estuviera en exhibición diaria. Esta competencia constante era demasiado para mi yo introvertido.

Cuando languidecemos de esta manera, quedamos atrapados en un ritmo pésimo y perdemos el rumbo. Nos sentimos estancados, en una especie de limbo cíclico donde la vida vibra a nuestro alrededor, pero parece que no logramos integrarnos.

Es donde todos estamos cuando la depresión resurge o cuando una enfermedad reaparece o la prueba vuelve. Es un *déjà vu* difícil, un rebobinar repetido.

*¿Cómo es que estoy aquí después de pensar que ya lo había superado?*

*¿Cómo es que sigo luchando cuando estaba segura de que a estas alturas ya lo habría vencido?*

Cualquier condición estresante y continua nos puede hacer languidecer. El duelo es una forma de languidecer. Languidecemos cuando llevamos continuamente pesadas cargas financieras o albergamos preocupaciones familiares durante décadas. La enfermedad crónica lo puede causar también.

De mi diario:

*Finalmente, estoy comenzando a darme cuenta de que esta condición realmente es «crónica». Es algo constante. Sigo preguntándome: «¿Cómo es que todavía esto me corresponde a mí?» Si tengo suerte, la función cardíaca seguirá donde está, en este nivel bajo. Hace varios años pensé que ya estaba superando la insuficiencia cardíaca, y unos años después la función de mi corazón bajó al 40 por ciento. En* mi última consulta, los doctores empezaron a cuestionar si la interpretación inicial de «casi normal» era siquiera precisa. Es un dolor demasiado familiar... un «aquí vamos de nuevo» que me rompe el corazón. Me siento adormecida.

Otra vez, las palabras de David parecen haber sido prestadas solo para mí mientras languidecía: «¿Hasta cuándo, Señor, me tendrás en el olvido? ¿Hasta cuándo esconderás de mí tu rostro?» (Salmo 13:1 NVI).

## MIRANDO HACIA ARRIBA

Parece de consenso común que la forma de salir del dominio del languidecer es con algo que se llama *florecer*.

Los psicólogos hablan de ello, y David lo mencionó también. En el salmo 52, mientras huía del Rey Saúl, en medio de todo tipo de pruebas, David logró decir: «Pero yo soy como un frondoso olivo que florece en la casa de Dios; yo confío en el gran amor de Dios eternamente y para siempre» (Salmo 52:8 NVI).

David no estaba en negación. Él conocía su situación. Pero decidió mejor concentrarse en lo que conocía de su Dios.

David sabía esto: «Cuando no podemos identificar la mano de Dios, debemos confiar en Su corazón». —Charles Spurgeon

Florecer solo sucede con un enfoque renovado al concentrarse en algo fuera de uno mismo. David eligió enfocarse en el corazón de Dios, la única cosa constante que conocía.

En medio del peligro, David –el hombre que durante toda su vida imperfecta estaba en busca del corazón de Dios– escribió el Salmo 121: «Levantaré mis ojos a los montes; ¿de dónde vendrá mi socorro? Mi socorro viene del Señor, que hizo los cielos y la tierra» (Salmo 121:1-2 LBLA).

Pon tu mirada en el Único que puede rescatarte de la desesperanza inmovilizadora que sientes. Enfócate. No mires a ningún otro lado. Solo mira hacia arriba.

A menudo no podemos cambiar las circunstancias que nos hacen languidecer. Y por razones que quizás nunca comprendamos, Dios elige no hacerlo.

DESVIACIÓN DIVINA

Pero estos periodos de languidecer eran parte de lo que hizo que David se convirtiera en quien Dios quiso que fuera. Y nos están convirtiendo en quien debemos ser también. Como David, debemos enfocarnos menos en esperar que nuestro mundo cambie, y más en cómo nuestros corazones puedan cambiar para bien. La forma simple y difícil de hacerlo es mirar hacia arriba en medio de todo, hacia Él.

**CUANDO NO HAY PALABRAS**

Si tan solo hubiera sacado mi cabeza del pupitre para voltear hacia arriba, habría encontrado ayuda para mí también. De alguna forma, en mi languidecer, no había podido hacer una lista, simplemente apuntar mi tarea para ese día. Pero mi buena maestra siempre resumía nuestras tareas diarias en la esquina superior del pizarrón para nosotros. Nunca dependió de mí recordar ese libro por mi cuenta.

Esos estresantes concursos de matemáticas continuaron todo el año volviéndose cada vez más complejos y competitivos. Pero, en cuanto vi ese recordatorio, en cuanto desvié el enfoque del problema inmediato, encontré una manera de salir adelante. Y más importante, encontré las palabras escritas de alguien confiable en quien podía apoyarme.

Toda mi vida he agradecido las palabras que hablaron por mí cuando no no podía: las cartas y mensajes de amigos lejanos, las peticiones escritas que encontré de mi madre que ella había orado a diario durante los primeros momentos de mi diagnóstico cuando yo no pude, y las palabras repetidas de mi papá para el director, pidiendo mi libro. Y después, más adelante en nuestras vidas, las llamadas semanales para animarme.

Ahora, los salmos también hablan por mí en tiempos difíciles.

Gracias al enfoque algo desaconsejado de mis padres en la crianza, comencé a aprender algunas lecciones de vida ese año en la escuela secundaria. Cómo a veces uno se atora en esta vida tan estresante; cómo se necesita mirar hacia arriba para salir adelante.

Y cómo las palabras prestadas de los demás pueden hacer toda la diferencia entre languidecer y florecer.

DÍA 25

# En la sombra del tocón

Algunas escrituras parecen prometer demasiado. Como la que habla de cómo los creyentes correrán y no se cansarán, cómo podemos levantar alas como las águilas (Isaías 40:31). No recuerdo ni una vez correr (o creer en algo por mucho tiempo) sin cansarme mucho. Y la insuficiencia cardíaca hace que sea casi imposible levantar alas.

Mi esposo, por otro lado, es corredor de maratones. Es bueno. Ha corrido el maratón de Nueva York y el de Boston. Así que tendrás una idea de lo que hablo cuando te digo que él corre. Ha acumulado miles de kilómetros, derramado océanos de sudor y desgastado decenas de pares de zapatos. Mientras corre, mi esposo ora por las escuelas, por la gente que conocemos al pasar por sus casas, por las oficinas de gobierno, los negocios y las iglesias. Y en el camino toma notas mentales.

Corrió junto a un tocón, y me llevó de regreso a verlo más tarde ese día.

Era un tocón impresionante. De hecho, apenas notas la casa histórica en el mismo terreno. Ubicado en medio del jardín delantero, un árbol lleno de esperanza debió haber sido plantado ahí con sueños de un día de campo bajo su sombra o quizás una pajarera, o incluso un columpio de llanta o una casa en las alturas. Pero ese árbol junto con todos los planes idílicos claramente murieron, y el tocón se ha tallado para formar una estructura prominente, similar a un poste, coronado con un águila calva ornamentada.

Cuando primero ví la casa, pensé: Qué bueno para ellos. Están aceptando el tocón con los brazos abiertos (y es un tocón impresionante). Están sacando lo mejor de una mala situación. Eso fue hace un par de años.

Años después de recibir mi diagnóstico, estoy agotada por una lucha recurrente que, de alguna forma, nunca esperé, luchando para que esta enfermedad no me defina. Luchando para que mi vida signifique más que solo un corazón débil dentro de mi cuerpo.

Ahora este tocón ornamentado me causa conflicto. Me pregunto por qué los dueños de la casa querrían resaltar el árbol muerto y pasar por alto la gran casa detrás de él, y lo que es todavía más importante, las vidas que hay dentro.

El tocón imponente frente a la casa representa la lucha que siento yo. Y me parece que no estoy sola.

## LOS TOCONES NOS PUEDEN LLEGAR A DEFINIR

Aun antes de tener tocones con los cuales lidiar, hacemos una pregunta. Todos nacemos con una pregunta persistente dentro de nosotros: *¿Quién soy?* Luchamos con nuestro currículum, las solicitudes de trabajo e incluso con la forma de presentarnos mucho más allá de la juventud. Para responder a esta pregunta, nos apoyamos en los roles y las relaciones, en las posiciones y las posesiones.

Y peor todavía, a veces lo que amenaza definirnos ni siquiera es algo que amamos, sino algo contra lo cual luchamos. Al ser nuestras cicatrices tan reales y profundas, corremos el riesgo de idolatrar el sufrimiento y el papel que asumimos dentro de él. A menudo basamos nuestro valor en cómo soportamos la prueba, en lugar de a Quién pertenecemos.

A veces, como la casa que mi esposo me enseñó, nuestra identidad puede quedar opacada por un tocón llamado enfermedad crónica o infidelidad, bancarrota o infertilidad, sin siquiera darnos cuenta.

*¿Quién soy?*
*¿El tocón me define?*

## DESVIACIÓN DIVINA

*Debido a lo sucedido, ¿me veré completamente consumida por todo ello? ¿Será que mi historia de vida siempre estará opacada por esta circunstancia?*

### ENVUELTO POR UNA SOMBRA

Priscilla Shirer dice: «Hay una diferencia entre dónde has estado, lo que has hecho y lo que te ha sucedido... y quién eres». Nuestro buen Dios definió los límites de nuestra identidad desde hace mucho tiempo. *Soy más que una desviación temporal. No soy ese tocón. Soy una hija eterna de Dios.* Sin embargo, por mucho que sepamos acerca de a Quién le pertenecemos, nuestras circunstancias de vida a menudo abruman nuestra fe.

Nos referimos a aquella casa donde mi esposo pasó corriendo como «La casa del tocón». Los que pasan por allá ya ni siquiera pueden ver la casa, porque el tocón se roba el espectáculo. Es un tocón que no sólo fue aceptado, sino que ahora se ha convertido en el protagonista del jardín. El tocón ha proyectado una sombra que llegó a definir ese lugar.

Una sombra se crea cuando algo bloquea la luz. Las Escrituras a menudo utilizan la palabra «sombra» para indicar la oscuridad, destrucción y muerte. Pero cualquiera de los callejones sin salida de la vida puede bloquear Su Luz y proyectar una sombra sobre nuestra identidad. Para mí, ha sido una enfermedad continua. De mi diario:

*Algunos días siento como mi vida se está opacando por mi enfermedad. Quiero que este reto cambie mi vida, pero que no tome control de ella. Leí hoy acerca de un estudio que descubrió que la enfermedad cardíaca puede determinar la identidad del paciente. Es un fenómeno llamado «la identidad de la enfermedad». En diversos grados, la enfermedad ha demostrado infiltrarse y, a veces, apoderarse de la identidad de una persona. El peor de los casos es la absorción, donde la enfermedad domina la identidad. El mejor de los casos es el enriquecimiento, donde la enfermedad provoca cambios positivos en la identidad, con un par de etapas intermedias en el camino. No estoy segura dónde me encuentro, pero puedo comprender la verdadera fuerza que jala hacia la absorción.*

Sea por nuestros propios errores, consecuencias de rebote de una decisión ajena o simplemente por vivir en un mundo caído, todos hemos enfrentado la desilusión, tocones hechos de esperanzas truncadas y planes marchitos.

Y peor todavía, más que opacar nuestra identidad en Cristo, a veces nuestros tocones pueden oscurecer nuestra visión de Él.

Mejor recordado por traer los Diez Mandamientos del monte Sinaí, Moisés también tuvo varios fracasos y desilusiones. Tuvo algunos tocones en su vida que amenazaban con definir su vida y opacar a su Dios.

Señalado desde su nacimiento y criado lejos de su familia, Moisés cometió su propio error al matar al egipcio que maltrataba a su pueblo. Estoy segura de que, mientras Moisés huía por el asesinato, su visión de Dios parecía estar bloqueada.

Pero la historia de Moisés no se acabó ahí.

Una sombra de otro tipo venía en camino.

## OTRO TIPO DE SOMBRA

El Espíritu menciona otro tipo de sombra a lo largo de las Escrituras. Y habla de protección y confort.

«¡Cuán precioso, oh Dios, es tu gran amor! Todo ser humano halla refugio a la sombra de tus alas» (Salmo 36:7 NVI).

Las Escrituras y la ciencia están de acuerdo: Una sombra bloquea el resplandor de la luz, pero la sombra también bloquea el calor del peligro.

Te digo una cosa que he aprendido: Podemos luchar en la sombra del tocón, o podemos refugiarnos en la sombra de Sus alas. Y quizás se requiere de ambos para experimentar plenamente la provisión de Dios.

Moisés y los israelitas se encontraron con uno que otro tocón mientras vagaban por el desierto durante cuatro décadas. Pero no caminaban solos. Cargaban con ellos el Arca del Pacto. Para los creyentes primitivos, era uno de los símbolos más importantes de la presencia de Dios. No era casualidad que estuviera cubierto de alas extendidas.

## DESVIACIÓN DIVINA

A pesar de decenas de desilusiones, desastres y peligros, Moisés y su pueblo encontraron la presencia de Dios debajo de alas protectoras.

Ayer pasamos de nuevo por la Casa del Tocón. Esta vez vi unas alas extendidas que no había notado antes porque antes me había concentrado tanto en su impresionante tamaño. Quizás esas alas eran un recordatorio para mí. Aunque los tocones proyecten una sombra, Sus alas también lo hacen.

Permíteme decirte algo de mi esposo, el corredor de maratones que encontró el tocón interesante. No comenzó a correr hasta después de casarnos y después de tener tres hijos. Su hábito de correr fue provocado por un trauma emocional. Cuando tenía treinta y ocho años, mi esposo perdió a su mamá, a su hermana menor y a su padre, todo dentro de un lapso de dos años. Tuvo la oportunidad para que esas pérdidas lo definieran a él y a su Dios. Y para ser honesta, si lo hicieron por un tiempo. Pero ahora estas angustias son solo un capítulo, o varios capítulos, en su vida. No son ni la historia completa, ni siquiera el enfoque de ella. Como Moisés, mi esposo no permitió que los tocones opacaran su vida. Mejor se enfocó en la sombra de las alas de su Padre.

Ann Voskamp nos recuerda: «Lo que te haya sucedido no define quién eres». Y no define Al que te está cuidando.

Las Escrituras nunca prometen que no vayamos a experimentar lo peor que ofrece el mundo, pero sí prometen que, cuando esto suceda, no seremos vencidos ni estaremos solos. Como estar arropado en el abrigo de mi papá el primer día inesperadamente frío de otoño, a veces la oscuridad de la sombra se trata más del cuidado recibido en medio de lo no anticipado.

Cuando se toman en su totalidad, al igual que nuestras vidas, las Escrituras tienen sentido.

En este lado de la eternidad, los tocones proyectarán sus sombras sobre quienes somos.

Y aunque muchas veces es más oscuro de lo que desearíamos, estamos bajo Su amparo.

Bajo las alas de Dios, en medio de todas las sombras de la vida, podemos correr hacia un futuro desconocido.

Y sí, incluso nosotros, los que no somos maratonistas, podemos levantar alas sin fatigarnos ni temer.

DÍA 26

# Encontrando respuestas en oraciones no contestadas

Le rogué a mi papá que dijera que sí. Le hice ojitos con mis ojos marrones, retándolo a resistirme. Mi mente de ocho años sabía con certeza que podría comprobar mi madurez si me dejaban entrar al espectáculo de la Mujer sin Cabeza en la feria.

La recuerdo bien. La versión que hacía su recorrido por la Feria Estatal de Kansas hace décadas se sentaba cómodamente en su silla, taconeando los pies en brillantes botas blancas hasta la rodilla, vestida con un suéter de cuello alto acanalado, y una linda minifalda a rayas. Contra el fondo brumoso y cubierto por cortinas, su cuello parecía estar cubierto con un complicado dispositivo que la mantenía con vida, un enredo de cables y tubos que zumbaban, pitaban y parpadeaban luces.

Después de que mi papá concediera mi petición, ella apareció en mis pesadillas durante años. Y lo peor de todo, después de aquella aventura en la feria, estaba segura de que ella se sentaba en el closet de mi habitación todas las noches columpiando su pierna cruzada con botas tan pronto como se apagaban las luces.

Ojalá mi papá hubiera dicho que no a mi petición. Ahora, como adulta madura, esos mismos ojos marrones aún pueden contraerse de miedo en un cuarto oscuro y solitario.

Y, sin embargo, a veces esa niña adulta no puede entender por qué Dios Padre no parece escuchar sus peticiones y conceder cada una de ellas.

La Biblia ofrece muchas razones por las que Dios podría no responder plenamente a nuestras oraciones: desde los motivos impuros (Santiago 4:3) hasta la duda (Santiago 1:6), desde las relaciones no bien atendidas (1 Pedro 3:7) hasta por ignorar la justicia y las necesidades de los oprimidos (Isaías 58:7-9). Pero ¿qué pasa cuando mi motivo no es egoísta, cuando mi fe se siente fuerte, cuando he cultivado buenas relaciones y he sacrificado cosas para el bien de los demás? ¿Qué hay de las oraciones no respondidas, entonces?

## DIOS SE UNE A NOSOTROS

A veces el silencio o la aparente indiferencia de parte de Dios se ve cruel, como si nos estuviera ignorando. Pero cualquier persona que haya criado a un hijo sabe que decir "no" a menudo es más difícil y lleno de amor que decir "sí". Como dice Andrena Sawyer: «Dios es igual de misericordioso en las cosas que no permite, como en las que sí permite».

No se vayan a malentender, Dios anhela que oremos. A veces, Sus respuestas son grandes y milagrosas. Pero, a veces no lo son. A veces no nos saca de la prueba, sino que se une a nosotros allí, en medio del silencio y las respuestas inesperadas. Y descubrimos una verdad para toda la vida: Es más fácil estar en lugares difíciles con Dios que estar en los mismos lugares inevitables sin Él.

Evaluando lo que queda atrás, sé que las oraciones no contestadas durante mi travesía con la insuficiencia cardíaca han desarrollado mi carácter y mi dependencia en Él.

De mi diario:

*Durante los últimos cuatro años, he dicho varias veces: «¿Por qué yo?» Y a veces he preguntado sobre la sanación: «¿Por qué no?» o sobre la lucha: «¿Por qué ahora?», pero más a menudo le pido que se acerque a mí, donde sea que se termine todo. No espero que suspenda las leyes naturales como lo hizo en el horno de fuego o en el foso de los leones,*

## DESVIACIÓN DIVINA

*pero que camine conmigo como lo hizo en la cárcel con Juan el Bautista o en Getsemaní. No parece que tenga la intención de hacer desaparecer mis pruebas.* El silencio de Dios o su rotunda negación ha forjado una esperanza más profunda y una liberación del control. Y una confianza sólida en un lazo más permanente con Él. Me supongo que es lo que debía haberle pedido desde el principio.

Tal vez la oración tenía más el propósito de encontrar a Dios, y menos de estarle pidiendo. Porque cuando encontramos a Dios como un Padre que desea relación, cosas más grandes siempre suceden.

Ann Voskamp dice: «Puede que no siempre recibamos nuestro milagro, pero siempre recibimos a Dios. Y ese es el milagro que es más que suficiente».

Como lo demuestra mi aventura en el espectáculo de la feria, mi papá era un blando cuando se trataba de su hija de ojos marrones. Aunque no conocíamos la mayor parte de la letra, esa era nuestra canción porque podíamos descifrar por lo menos una línea: «Eres mi chica de ojos marrones». Tenía tres años cuando la canción se estrenó. Mi papá me la cantaba cada vez que sonaba a través de la radio de la camioneta Chevy, mientras yo me paraba a su lado sobre el asiento de vinil y él manejaba con mi brazo en su hombro. Pasara lo que pasara, estábamos unidos. Yo sabía que me amaba, y eso era más que suficiente para hacernos superar los momentos difíciles.

## UNA PERSPECTIVA A MÁS LARGO PLAZO

Mi papá dijo que sí a varias cosas que no debería haber dicho (incluyendo unas barras de chocolate demasiado cerca de la hora de cenar, a un auto Volkswagen usado, y a un mapache como mascota.) Todos los padres lo hemos hecho. Pero nuestro Padre celestial que mira al largo plazo, no lo hace.

Cuando Lázaro se estaba muriendo, Jesús no respondió a las peticiones de sanidad. En cambio, Él tenía la resurrección en mente. Y Jesús mismo pidió que la copa de sufrimiento pasara de Él, pero Dios tenía un plan diferente y más asombroso para esa historia también.

Cuando sentimos que nuestras oraciones no son contestadas, puede que Dios quiera algo diferente para nosotros también. Y cuando lo hace, siempre es para nuestro bien y para Su gloria. Estamos envueltos juntos en este propósito dual y eterno.

Solo una perspectiva posterior puede alimentar nuestra fe en un Dios tan trascendental.

Por mucho que amara a su hija de ojos marrones, los ojos humanos de mi papá solo podían ver hasta cierto punto. Pero nuestro Dios tiene ojos diferentes. Y a veces obtenemos un vistazo de Su visión cuando la infertilidad termina en una adopción que conmueve el corazón, o cuando el despido da lugar a una nueva carrera emocionante. Así como Dios supo retrasar o negar cuando yo quería que esa relación o solicitud de trabajo funcionaran. Ahora, me siento tan aliviada de que no hayan funcionado.

Estoy muy agradecida por esas conversaciones que tuve con mi papá cuando estaba en cuidados paliativo; y con mi mamá después de ser viuda que nunca hubiera tenido, nunca tuve, en los capítulos fáciles y suaves de la historia de nuestra familia.

## EL DIOS QUE VE

Sin embargo, con demasiada frecuencia no vemos el final completo de la oración. Por eso, necesitamos encontrar oraciones contestadas en el silencio de las no respuestas y en la desilusión de respuestas diferentes.

Y solo podemos verlo de diferente manera porque Él lo hace.

Este Dios que parece tan despectivo es el mismo Dios que ve: *El Roi*. Nos ve a cada uno de nosotros justo donde estamos, y ve hasta el final de los tiempos. Filtra cuidadosamente los resultados y pesa las consecuencias, con el bien supremo en mente.

Yo quería que la última prueba TEP (tomografía por emisión de positrones) de mi papá saliera limpia. Dios lo había hecho antes, y sabía que lo podía hacer de nuevo.

Quería que mi último ecocardiograma mostrara que mi corazón

# DESVIACIÓN DIVINA

había vuelto a funcionar con normalidad. Dios ya había asombrado a los médicos una vez y yo sabía que podía lograr otra obra igual de impresionante. En los dos casos, Él eligió no hacerlo. ¿Por qué? No lo sé. Pero estoy aferrándome a la esperanza de que Él está viendo el gran cuadro, y que Su plan será de alguna forma mejor que el mío.

Las oraciones, especialmente las que no se resuelven a mi manera o en mi vida, son para mí un enigma más que una convicción. Pero sé que Dios escucha. Y sé que la oración importa. Y cuando esperar la respuesta parece insoportable, quiero recordar que es mejor estar quieta con este Dios visionario que avanzar a toda velocidad sin Él.

Algún día le agradeceremos cara a cara por cada oración contestada.

Pero tal vez (y probablemente aún más importante), nos caeremos a Sus pies en gratitud por las que no fueron contestadas.

# Una cuestión de control

## Días 27–39

· · · · ·

### El dilema de Jesús en el desierto

«De nuevo el diablo lo llevó a una montaña muy alta.
Allí le mostró todos los reinos del mundo y su esplendor.
Y le dijo: —Todo esto te daré si te postras y me adoras.»
(Mateo 4:8–9 NVI)

### Lo que oímos

*La trayectoria de mi vida depende de mí.*

### La pregunta de vida

*¿Es el plan de Dios suficiente?*

DÍA 27

# Una mejor memoria

La camioneta de la granja era casi una antigüedad y una combinación rara de metal quemado y óxido de años de desgaste. Recuerdo el incendio que les agarró por sorpresa a nuestros vecinos en una semana caótica de junio hace ya mucho tiempo. Metidos profundamente en el apuro y la importancia de la cosecha, la camioneta cruzaba el rastrojo para llegar a las cosechadoras. La paja seca se prendió por el calor de la camioneta. Antes de que existieran los teléfonos celulares, y con el departamento de bomberos al menos a veinte minutos de distancia, el campo y la camioneta fueron una pérdida total.

Por muchos años, en el camino a la casa de mis padres, miraba la camioneta abandonada en el campo crecido en el mismo lugar donde se quemó, como si se hubiera congelado en el tiempo, preservado como un monumento.

Ese fue un año difícil. Los precios del trigo cayeron, las cosechas fueron pobres, una helada tardía amenazaba los brotes tiernos y una sequía temprana puso en peligro los tallos maduros. Las familias de granjeros se rascaban la cabeza al contemplar sus presupuestos y cuentas, pero siguieron adelante de todos modos. La cosecha llegó aquel verano seco, justo como siempre, como un reloj.

Ahora, miro la camioneta y recuerdo las cosechas de mi niñez: cuando los días que se alargaban más allá de la medianoche y nos uníamos para no ser vencidos por una tremenda granizada, o para ir a buscar una pieza para la máquina; la oportunidad de ser parte de algo más grande que los niños que éramos. También recuerdo cómo le pedíamos a Dios por lluvia en cada cena durante la mayoría de los veranos, confiando en que era nuestra única salvación financiera. Recordar es un regalo especial. Nos permite ver la vida en retrospectiva para alcanzar la mejor perspectiva sobre el cuidado constante de Dios. Recordamos para observar qué tan alto nos puede llevar Dios, y para nunca olvidar qué tan bajo podemos hundirnos sin Él. Pero no es fácil para ninguno de nosotros.

## LOS HUMANOS SON OLVIDADIZOS

Los hijos de Dios tienen memorias cortas. Nos olvidamos de las oraciones que Él contestó, y aún más importante, de las que no contestó, las que salieron mejor de lo que habíamos pedido.

Como Pedro que fue testigo de milagros, pero negó a Cristo, o los israelitas vagando por el desierto, a medida que la vida nos pasa factura perdemos de vista quién es Él. Ya sabemos cómo termina la Gran Historia, pero en los capítulos intermedios, no dejamos de olvidar.

Todo el cristianismo se basa en recordar. Mientras que las profecías cumplidas fortalecen nuestra convicción, los recuerdos de las intervenciones personales de Dios alimentan nuestra fe. Dios sabía cuánto necesitábamos recordar y lo fácil que sería olvidar. El Espíritu Santo invoca el verbo "recordar" más de 150 veces a lo largo de las Escrituras, cinco veces más que "creer" y el doble de veces que "confiar". Él sabía que necesitaríamos maneras de rememorar Su cuidado.

Muy temprano en esta jornada con la insuficiencia cardíaca, mi esposo me animó a mantener un diario para recordar el torbellino en el cual nos encontrábamos. Estos primeros días feos me detuve; no quería volver a leer o vivir lo que se estaba llevando a cabo. Apenas pude escribir las palabras dolorosas sobre un bloc de notas del hospital, y luego en un cuaderno que una amiga me regaló en la habitación de cuidados intensivos. Para mí fue una catarsis, un intento de vaciar las dudas feas y el desdén que tenía en mi corazón hacia Dios. No esperaba volverlos a abrir.

DESVIACIÓN DIVINA

Hay un gran valor en recordar, quizás más de lo que nos demos cuenta; especialmente en los tiempos de temblor. Puede que muchos de nosotros sintamos como si nos estuviésemos ahogando en la incertidumbre cuando surge la discriminación racial, cuando los desastres naturales destruyen, o cuando ocurre un tiroteo escolar. ¿Qué puedo hacer yo? Un compromiso sólido que podemos hacer es recordar. A medida que los encabezados cambian al próximo desastre, controversia o temporada, podemos simplemente negarnos a olvidar.

La clave para seguir adelante cuando hay tanto que sigue sin resolver es comprometernos a tener una mejor memoria.

## LA NECESIDAD DE RECORDAR TODO

A veces todavía manejo lentamente por la granja donde crecí. Ahora vive allí una familia nueva y desconocida, cuidando las *cannas* escarlatas de mi mamá y mi mundo imaginario en el jardín trasero. En camino a «casa», todavía veo la camioneta quemada. Las lágrimas me sorprenden al reconocer que esta oportunidad se ha desvanecido del futuro de nuestra familia. Como la mayoría de sus vecinos, mis papás cedieron sus tierras para que se convirtieran en un gran campo eólico. Vendieron la maquinaria y se mudaron a un pueblo cercano.

Turbinas del tamaño de aviones ahora se alzan sobre los graneros e incluso sobre aquella camioneta quemada, minimizando su importancia en el paisaje. Aun así, mi papá decía que el campo eólico era enviado por Dios. La cantidad mensual proveyó más ingresos de los que la granja jamás pudo generar. De todos modos, fue un cambio doloroso. Incluso siendo ya una adulta que vive a varios estados de distancia, detestaba ver cómo les arrebataron las tierras y se fueron los granjeros, o cómo ahora araban sus mini lotes, fracturados por las calles intrusas de acceso al campo eólico.

Nuestra palabra «remembranza» se deriva del término griega *hupomimnesko*. *Hupo*- significa «acercarse», y la segunda parte, -*mimnesko*, significa «recordar». Combinadas, estas palabras nos invitan a reunirnos y recordarnos mutuamente el pasado. Parte de lo que debemos recordar juntos es bueno: las celebraciones familiares, la provisión de Dios, la sanidad y la paz. Pero algunas cosas que debemos recordar son dolorosas: la muerte, los periodos de necesidad, la enfermedad, la prueba. Todo nos moldea y nos acerca a un entendimiento más profundo del mundo de Dios y del lugar que ocupamos en él.

Volver a leer las primeras páginas de mi diario me ha ayudado a recordar qué tan difícil fue todo y qué tan lejos hemos llegado.

*Para una adulta «sana» que nunca ha estado hospitalizada (salvo para dar a luz), ver llorar a una enfermera me parece antinatural. También es desconcertante ver cómo se le quiebra la voz al médico y se aleja a media frase para mantener la compostura. Nos sentimos como si estuviéramos en la serie «La dimensión desconocida». Jesús, camina aquí con nosotros.*

A pesar de tanto que está en juego y de tantas oraciones no contestadas, es necesario recordar lo malo. Incluso Jesús nos pidió recordar los eventos dolorosos de Su muerte, una y otra vez hasta que Él regrese. Recordar lo difícil algún día nos permitirá reconocer la provisión de Dios. Remembrar los momentos negativos también nos impulsa a ser mejores que cuando éramos jóvenes, tanto como personas como comunidad.

## NUNCA MÁS

Vivo una vida protegida y, como todas las madres, traté de proteger a mis hijos. Cuando consideramos visitar el museo del Holocausto, dudé. No quería que vieran evidencia de lo peor de su mundo. Pero, para no repetirlo jamás, debían mirarlo.

Para honrar la historia y el lema del Holocausto: «Nunca Más», debemos recordar.

«Olvidar el Holocausto es matar dos veces», escribió el laureado con el Premio Nobel y sobreviviente Elie Wiesel. Siguiendo una idea similar, el Dr. Anthony L. Brown de la Universidad de Texas en Austin, al descubrir que sus estudiantes no sabían quién era Rodney King, dijo

## DESVIACIÓN DIVINA

lo siguiente en relación con la injusticia racial: «Una de las maneras más efectivas para moldear la perspectiva pública es permitir que el pasado se desvanezca de la conciencia de las futuras generaciones.»

Borrar el dolor del pasado hace que todos los esfuerzos de hoy se vuelvan sin valor. Y también es una de las maneras más efectivas de perder la fe.

Debemos recordar las partes difíciles de nuestras vidas y nuestro mundo; nos hacen más sabios, mejores y más cercanos.

Algún día, puede que esas enormes turbinas eólicas se queden oxidadas e inmóviles en un campo también. Se podría ver como un experimento fallido, como un tiempo triste cuando la granja familiar, tal como la conocíamos, desapareció del paisaje del sur de Kansas. Pero, como la vieja camioneta en un campo de trigo quemado, como el museo del Holocausto, como los videos de la injusticia racial, como las entradas anteriores en mi diario, necesitamos verlos.

Un día todos serán un recordatorio de cómo provee Dios un camino cuando es imposible ver uno. Al rememorar dolores del pasado, seguimos aprendiendo en este mundo imperfecto, y nos motivamos a ser más como Jesús.

Él ha prometido hacer todas las cosas nuevas y justas algún día.

Él ha invertido mucho en nuestro futuro.

Pero, por ahora, cuenta con nosotros para hacer el difícil ejercicio de recordar.

DÍA 28

# Aceptando renunciar

Después de estudiar el posgrado, mi esposo y yo teníamos un sueño. Queríamos abrir nuestro propio despacho de contabilidad juntos, criar a nuestros hijos en un pueblo pequeño y envejecer juntos en una comunidad muy unida, más cerca de nuestra familia extendida. Asi que empezamos a orar, con fervor. Enviamos solicitudes de trabajo a despachos más pequeños para abrirnos paso y para establecernos antes de poner en marcha nuestra propia oficina. Teníamos todos los motivos correctos, y los dos nos graduamos entre los mejores alumnos de nuestras grandes universidades. Recibimos varias ofertas de las ocho grandes firmas nacionales, pero tuvimos menos respuestas de las más pequeñas.

Finalmente, conseguimos una oferta de una oficina local, justo por debajo del valor de mercado. Era un poco baja, pero estaba en la zona donde queríamos vivir y algún día comenzar nuestro propio despacho.

Nos sentimos aliviados hasta que el señor que nos entrevistó nos dijo: «Esto es para los dos», indicando que nos iba a pagar como equipo. Recuerdo ver a mi esposo hacer un gesto de dolor. En un abrir y cerrar de ojos, los salarios esperados se habían reducido a la mitad. No hace falta decir que no nos cayó bien la noticia.

Después de meses orando, no estábamos seguros de qué hacer. El reloj avanzaba y se cerraban las oportunidades para aceptar un trabajo. *¿Debemos seguir orando? ¿Debemos orar más fuerte?*

Siempre he tenido un enfoque tipo *pitbull* cuando se trata de orar. Aferrarse a ella y no soltarla hasta obtener el resultado deseado; porque sabía que Dios honra las peticiones desesperadas y determinadas como las de Ana por su tan esperado hijo Samuel; o como la parábola de la viuda que molestaba al juez.

Entonces, me aferré a esta visión de carrera y me costó mucho trabajo soltarla. Ahora, en retrospectiva, tal vez hubiera sido el momento correcto para levantar una oración de renuncia.

## LO QUE ES

El diccionario dice que «renunciar» significa dejar voluntariamente de reclamar, estar dispuesto a ceder.

Espiritualmente hablando, la renuncia cede ante las circunstancias tal como son, con Dios como Supervisor. Cuando renunciamos, acordamos estar satisfechos. Acordamos abandonar nuestra búsqueda del cambio. Acordamos dejar de pedir lo que asumimos es la mejor voluntad de Dios. Acordamos estar bien con lo que todavía no podemos entender en su totalidad.

*No lo comprendo, pero lo acepto, porque confío en Ti, Dios, y estoy bien con la idea de dejar a un lado esta petición.*

Jesús levantó una oración de renuncia en Getsemaní. Conoció la carga de una oración desesperada y supo renunciar a ella. Hay otros en las Escrituras que supieron lo que se siente al renunciar: el fiel Abraham, que renunció a sus planes de criar a Isaac; el culpable David, que renunció a la vida de su hijo recién nacido; y la adolescente María, que renunció a un futuro conocido.

Renunciar es diferente que resignarse.

La resignación se agazapa en el miedo y se prepara para lo peor.

La renuncia observa plenamente la situación dolorosa y suelta sus demandas mientras se aferra a la esperanza.

La renuncia es más grande que la resignación.

Rendirse es dar un paso atrás, entregar las armas y admitir que la pelea es más grande que tú.

## DESVIACIÓN DIVINA

Renunciar es soltar con expectación y seguir adelante con una nueva visión.

## CUANDO HACERLO

A veces el calendario o las circunstancias exigen que renunciemos. El puesto se ocupó, ya no estamos en edad reproductiva, nuestro ex se vuelve a casar, el ataúd ya se cerró. Pero hay otros momentos en que no hay resolución en este mundo. Y tenemos la tendencia de seguir insistiendo.

Pero, en ocasiones, quizás el Espíritu nos impulsa de diferente manera. El libro de Eclesiastés nos dice que hay un tiempo de rendirse, no con Dios, sino en la búsqueda.

Buscando ser completos, ser sanados, volver a casa.

Buscando que el asunto se resuelva a nuestra manera.

A veces lo que buscamos es dañino o destructivo, aunque haya comenzado de otra manera. A veces nuestra identidad está envuelta en la idea de la búsqueda en lugar de estar en Dios. A veces, la dirección hacia donde vamos está simplemente fuera de lo mejor que Dios tiene para nosotros, por más misterioso que esto parezca.

La renuncia no es una oración de todos los días. No es la primera oración que decimos, pero puede que sea la última. Viene solo después de pedir incansablemente. Tenemos que llegar al punto de la desesperación. Tenemos que estar preparados para renunciar a la cosa misma que más valoramos por el bien mayor que Dios tiene planeado. Y cuando hacemos esto, una paz serena se posa a medida que se disipa la desesperación.

De mi diario, justo después de recibir el diagnóstico de insuficiencia cardíaca:

*Llevamos casi dos semanas en cuidados intensivos. Las cosas siguen girando fuera de mi control tan rápido que me siento mareada y con el corazón roto. Mi esposo, sin el entumecimiento que me dan los medicamentos, está sintiendo toda la fuerza de esta situación impactante. Hoy por la noche me compartió que, al estar orando por mi vida, sintió* una cierta paz de que todo estaría bien, incluso si Dios no me sana. Quiero decirte que esto no me cayó nada bien. *Estoy acostada aquí luchando con todas mis fuerzas... y ¿ya está dándome por perdida? Le respondí bruscamente: «¡No me voy a morir!» Le pedí que se fuera de mi habitación. Algunas decepciones no dejan espacio para la compañía.*

Después de todo, como suele suceder, mi esposo se encontraba muy por delante de mí en su expedición espiritual. Ya había entregado la situación a Dios y quitado sus deseos de la mesa. Él había llegado ya a la renuncia. Pienso en ese momento más que en cualquier otro durante ese período tan severo. Me transformó en otro tipo de cristiana: no tanto alguien que le pide a Cristo, sino más bien alguien que busca a Cristo.

## POR QUÉ HACERLO

Cuando nos encontramos doblados en dos por el peso de nuestra petición continua, puede que estemos ya en el punto de la renuncia. Una vez ahí, podemos comenzar a estar en paz con ella.

Podemos lograr un nivel nuevo de intimidad con Dios.

Doug Groothius cuidó de su esposa (y de su propia fe destrozada por la guerra) a lo largo del túnel tenebroso de la demencia. Él llegó a la renuncia con la enfermedad incurable. «En lugar de sentir que siempre estoy golpeando a Dios con los puños, ahora siento que estoy descansando en Sus brazos.»

Y si se les da suficiente espacio, estos brazos pueden dirigirnos hacia algo mucho más grande que nuestra petición. Ann Voskamp dice: «Guarda espacio para los caminos que son más altos que los tuyos, los caminos de Aquel que nunca deja de abrazarte».

Quizás la meta de la oración no sea tanto controlar la mano de Dios, sino abrir Sus brazos a unas posibilidades que ni siquiera podemos concebir. Aunque las decisiones que tomamos en oración nunca cambian, Su amor por nosotros puede ser la clave para liberar la siguiente parte de Su plan para nosotros.

## DESVIACIÓN DIVINA

La escritora Catherine Marshall dice: «Un espíritu exigente, con la voluntad propia como su timón, obstaculiza la oración». Dios nunca ha estado en el plan de sobreponerse a nuestro libre albedrío; así que, hasta que se lo entreguemos puede ser que Él, por su naturaleza, permanezca callado o sin actuar. Y lo mejor que tiene reservado para nosotros se quedará sin explotar.

Para aquellos de nosotros que encontramos consuelo en dirigirlo todo, es una tarea desafiante.

Por difícil que sea, renunciar tiene raíces profundas en nuestra fe. Dejar a un lado el "yo" es el meollo del mensaje del evangelio. Pero ese mismo evangelio se basa en la esperanza. Así sabemos que aceptar Su camino —a veces sinuoso— nunca excluye la esperanza última. El camino de Dios jamás termina en decepción.

### ESTAR BIEN CON ELLO

No tomamos aquella oferta de trabajo de dos por uno porque no tenía sentido. Simplemente no pudimos aceptarla. Sin embargo, seguimos aferrados a nuestro sueño por muchos años hasta que por fin renunciamos a él. Nunca abrimos nuestro propio despacho de contabilidad. Cambié de carreras (un par de veces) y mi esposo ha tenido éxito en la contabilidad en otro ámbito.

Quizás, al no conseguir los trabajos que queríamos, Dios estaba estableciendo el fundamento para que pudiera yo sobrevivir a la insuficiencia cardíaca que él veía venir desde hace muchísimo tiempo. Estoy inmensamente agradecida por la inundación de cuidado y apoyo que he recibido en este camino inesperado. Quién sabe, tal vez no lo hubiera recibido en el plan al que yo me aferraba como perrito *pitbull*.

Pero, la desviación continúa.

Para ser completamente sincera, aún oro todos los días para que mi corazón sea sanado; y como puedes imaginar, oro con fervor. Pero, como con el sueño después del posgrado, es posible que algún día dejaré de pedirlo. En ese momento, estaré anticipando algo aún mejor, mientras dejo a un lado mi petición. Ahora, tal vez por primera vez, puedo imaginar cómo algún día mi petición intensa pueda transformarse en una oración de renuncia.

Cuando venga ese día, espero poder decir finalmente: «*Gracias a Él, estoy más que bien con eso.*»

DÍA 29

# Cuando Dios nos decepciona

Me tapé los ojos del sol de California para poder ver a mi hijo mientras cruzaba el escenario para recibir su diploma universitario. Con mi chaleco cardíaco puesto, no me sentía tan fuera de lugar, ya que el aparato que parecía una cámara fotográfica no se veía diferente al equipo que traían los demás padres. Mi esposo se inclinó hacia mí entre la multitud de las gradas y me dijo: «Hagamos esto de nuevo en cuatro años».

Asentí con la cabeza, pero ambos sabíamos que era muy improbable. Era un deseo sencillo, pero en ese momento parecía un sueño imposible. Ninguno de mis médicos habría apostado a mi favor; mi insuficiencia cardíaca simplemente estaba demasiado avanzada.

Y, sin embargo, cuatro años después nos encontramos viviendo en los resultados de las oraciones de ayer.

Más o menos.

## NO COMO LO HABÍAMOS VISUALIZADO

Hubo una razón por la que mi esposo había marcado cuatro años. Nuestra hija menor apenas había sido aceptada en la misma universidad y estaría graduándose en ese año.

Y milagrosamente, cuatro años después, seguía manteniendo la función baja permanente de mi corazón. Pero no estaba en California. No estábamos juntos como familia. La graduación se había cancelado por razones de la pandemia. Me partía el corazón pensar en la decepción de no poder sentarme de nuevo en aquellas gradas como habíamos orado y poder decir: «Ya ves, ¡lo hicimos!»

Al principio solo quería vivir lo suficiente para poder ver a mis hijos graduarse. Aun así, me sentí decepcionada. Había jurado que jamás recibiría el aparato que ahora está ubicado permanentemente dentro de mi pecho. Mi corazón todavía no funciona como debería. Me perdí una ceremonia a la que tenía esperanza de asistir.

Como muchas veces en mi vida, las oraciones han sido contestadas, pero no las reconozco cuando llegan a la puerta. No se parecen a lo que había visualizado, por lo que asumo que Dios me dio el avión. No soy la primera en albergar esperanzas grandiosas que no se alinean perfectamente con la obra eventual de Dios. No soy la primera en sentirse decepcionada por Dios.

Cuando Jesús entró a Jerusalén el Domingo de Ramos, la gente que había visto sus milagros y anticipado su apariencia profética esperaba que se les librara del imperio romano. Tenían sus propias ideas de lo que eso involucraría. La construcción de Su reino siguió un camino a través de una inconcebible crucifixión, por medio de un burro de paz en lugar de un caballo de guerra.

Jesús no hizo lo que la gente esperaba, sino lo que Él había prometido. Y siempre esa ha sido su manera.

## LO ESPERADO contra LO PROMETIDO

En un momento dado, mi querida mesa de cocina estaba cubierta por una mezcla dolorosa de cosas: arreglos florales del hospital, frascos de medicamentos misteriosos, una cadena de oración enmarcada y una carpeta llena espantosa.

De mi diario unos meses después de mi diagnóstico:

*Está sobre la mesa de la cocina, junto a mi recién adquirida colección de medicamentos recetados de alta potencia. El lomo de la carpe-*

# DESVIACIÓN DIVINA

ta, con letras oscuras e imponentes, anuncia: «Cuidados al final de la vida». Ha estado ahí tanto tiempo que ya no lo noto. El impacto inicial se ha desvanecido y me pregunto qué hacer con él. ¿Debería dejarlo a la vista por si lo necesitamos? ¿Debería dejarlo en la mesa del centro junto al álbum fotográfico familiar y las revistas mensuales? «*Aunque ande en valle de sombra de muerte... tú estarás conmigo...*». Leo el salmo una y otra vez, y espero que sea verdad.

Más de un año después escribí:

Hoy, a pesar de no haber sido sanada, por fin decidí darme permiso de dejar de esperar la muerte y de comenzar a vivir de nuevo. Quité esa carpeta con los cuidados paliativos de la mesa y la guardé en el archivero. Puede que un día la necesite, pero hoy no es ese día.

El día que guardé la carpeta, me di cuenta de que la promesa de Dios se había cumplido. Él caminó conmigo a través del valle oscuro y sigue ahí conmigo. Sin embargo, cada vez que cuento mi historia se me olvida esa parte porque visualicé algo totalmente diferente. Pensaba que me iba a sacar del valle.

Jesús no nos promete una vida fácil, ni aún una resuelta.

No podemos transformar las promesas de Dios de acuerdo con nuestras expectativas. Pero como la multitud con hojas de palma en las manos, lo hacemos.

La reciente temporada de pandemia y mi propia enfermedad me han estado enseñando algo que toda mi vida de fe no pudo: *algunas de nuestras oraciones respaldadas con promesas siempre parecerán no haber sido contestadas. Porque, en nuestras vidas, el cumplimiento de Sus promesas a menudo no se parecerá en nada a lo que esperamos.*

Y eso... quizás es intencional.

## ESPÉRALO

Vivimos en un mundo donde los padres entierran a sus hijos, personas inocentes son castigadas, las familias nos abandonan y las historias no terminan de la manera ni en el tiempo que habíamos orado.

Es humano anhelar que cada petición se reciba y que cada expectativa se cumpla. Pero, es el reto de cada persona de fe comprender lo siguiente: El cumplimiento jamás se logrará aquí. No por crueldad ni castigo, sino totalmente al contrario. Es nuestro lo que nos ata a la eternidad; es el lazo que nos conecta a Él.

Y, a veces, este lazo parece una larga espera.

Muchos de nosotros esperamos durante la pandemia para poder asistir a un servicio memorial o a una boda que debió haber sucedido meses antes. Yo esperé la ceremonia de graduación que se llevó a cabo mucho después, al año siguiente. Todavía sigo esperando mi sanación completa, que quizás nunca llegue. Quería recibir la luz verde para visitar a mis padres antes de que mi papá entrara en cuidados paliativos, y deseo tener algún día el regazo lleno de nietos.

Todo eso se espera; nada es prometido.

Dios es dueño del mañana; yo simplemente soy mayordomo de hoy.

Y estamos unidos por la tensión de esta relación de trabajar y esperar.

Un día, al sacar la carpeta para buscar algún número telefónico o para revisar los siguientes pasos, recordaré algo que mi esposo me dijo: «Estoy cambiando lo que no puedo conservar por algo que nunca puedo perder».

Mientras tanto, la expectativa incumplida, la espera, me acerca a Él y a la promesa suprema.

## LA ESPERANZA ES VIVIR UNA PROMESA FUTURA

No podemos esperar lo que Dios nunca prometió, pero siempre podemos esperar lo que sí prometió.

Él no promete rescatarnos del sufrimiento de la vida, pero sí promete usar nuestro sufrimiento para (con el tiempo), producir esperanza: «...el sufrimiento produce perseverancia; la perseverancia, entereza de carácter; la entereza de carácter, esperanza» (Romanos 5:3-4 NVI).

Y así es exactamente como aquella carpeta se desapareció de la mesa de la cocina.

El autor Jay Wolfe escribió: «La esperanza es una promesa futura

# DESVIACIÓN DIVINA

que se vive en el presente». Dios usó mi sufrimiento para infundir esperanza en Su sanación eterna, y comencé a vivir la promesa venidera.

Finalmente, se contestaron las oraciones de hace cuatro años, pero las respuestas no se parecían a lo que había imaginado. La ceremonia de graduación se acortó y era solo por invitación privada. No pude conocer a los profesores de mi hija ni pudimos tomar un tour del campus. La mayoría de sus amigos ni siquiera regresaron al festejo desfasado. Sus abuelos fallecieron en el año intermedio entre la fecha original y la nueva. No me escapé del aparato implantado; y no había sido sanada de mi enfermedad.

Pero sigo viva. Mi hija se graduó y fue aceptada en un programa de posgrado un poco más cerca de nuestra casa. Dios es bueno y contesta las oraciones. Y la esperanza está viva en nuestro hogar.

Aun cuando Él entra sobre un burro.

Aun cuando la enfermedad y la decepción perduran.

Aun cuando el cumplimiento de Su promesa no se parece en nada a lo que esperamos.

DÍA 30

# Confiar lo suficiente para rendirse

S uéltalo! ¡Suéltalo!»
Nuestros amigos veinteañeros gritaron al unísono desde la orilla del río crecido, algunos con un tono de pánico en la voz. La canoa en la que íbamos mi esposo —amante de la adrenalina— y yo tomó una curva un poco rápido y se volcó. De inmediato, él se soltó, se metió debajo del agua y apareció al otro lado de una rama caída. Yo, en cambio, me aferraba con fuerza a dicha rama mientras la canoa, ya de costado, me golpeaba repetidamente el torso.

Atemorizada y reticente a soltar el árbol, me aferré desesperadamente por varios minutos. Mi esposo me rogaba; mis amigos me insistían. Yo tenía mis razones por las cuales no lo iba a soltar: No confiaba en mi habilidad para nadar, usaba lentes de contacto de los que se cambiaban una vez al año y, para colmo, no quería arruinarme el permanente recién hecho, tan de moda a finales de los 80.

Pero más que nada, me negaba a soltar mi último vestigio de control.

Finalmente, cuando ya no pude sostenerme más, solté la rama, aún aterrada de ahogarme en las aguas turbulentas o de enredarme en otras ramas debajo de la canoa. Sorprendentemente, me hundí y aparecí justo donde mi esposo lo había hecho.

Cuando mis oídos se despejaron, pude oír a todos aplaudiendo.

Y sentí los brazos familiares de mi esposo, de forma segura, alre-

dedor de mí.
Estaba a salvo aun en medio del río rápido.
Pero primero tuve que soltar.

## EL DESEO DE SEGUIR LUCHANDO

De alguna forma, en toda la vida, a menudo parece más fácil seguir luchando.

Cuando recibí las malas noticias de la función de mi corazón en una de mis primeras citas, mi primer instinto fue marcar las líneas de batalla y juntar las tropas. Estaba preparada para la lucha.

De mi diario:

*Al menos no tenemos que luchar contra la idea de que mi deterioro podría deberse a una atención inadecuada, ya que la Cleveland Clinic es la autoridad mundial en cardiología. Pero hay mucho contra lo que sí luchar. Con esta enfermedad crónica y progresiva, solo gano cuando puedo tomar todo con calma y mantener todo estable. La realidad es que, en este momento, estoy perdiendo. Voy a redoblar esfuerzos con una dieta baja en sodio, con más descanso y caminar mis 10000 pasos diarios hasta regresar a Cleveland en unas semanas. Por lo menos estaré haciendo mi parte para recuperar mi vida.*

Pero, la verdad es que después de pasar años en la trinchera, esta guerrera está agotada. (O, como acostumbramos a decir en nuestra casa, "Mamá está cansada.")

Cuando estamos en una pelea perpetua con una enfermedad crónica o con acreedores o con hijos codependientes, nos agotamos. La carga continua se vuelve demasiado pesada para cargar. Pero la lucha, la carga, nunca debía ser nuestra.

## LA BATALLA LE PERTENECE A ÉL

«Ustedes quédense quietos, que el Señor presentará batalla por ustedes» (Éxodo 14:14 NVI).

Parece que la parte de luchar me viene natural. A veces siento que he

## DESVIACIÓN DIVINA

estado luchando toda mi vida. (Tanto mi esposo como mi madre han usado el término terca.) Luchando por un buen rango en el posgrado, por una posición en el trabajo. Luchando contra las fechas límites, los presupuestos o las decisiones sobre las cuales no tengo un control real, o contra la pura injusticia. En todas estas luchas he aprendido algo. En algún punto, tienes que soltar la lucha. Porque a veces, para ganar, tienes que rendirte.

He practicado el soltar, con remanentes de tiempo o dinero o posesiones. Incluso en el fiasco de la canoa, solté mi agarre sobre nuestra vieja hielera de venta de garaje (después de algo de persuasión), sin saber si acabaría con una nueva familia río abajo. Soy buena para soltar lo que quiero soltar. Lo cual, al final, no es rendirse en lo absoluto.

Dios quiere que nos rindamos a Su plan que abarca todo, el paquete completo.

La rendición total es un concepto difícil para una luchadora. Resisto la cirugía, los viajes en avión, e inclusive los pedicures, porque ceder tanto control es doloroso y arriesgado. Y a menudo, difícil de racionalizar.

La parte completamente humana de la naturaleza de Jesús cuestionó el plan de Dios en Getsemaní: «Jesús se alejó un poco de ellos, se arrodilló hasta tocar el suelo con la frente, y oró a Dios: 'Padre, ¡cómo deseo que me libres de este sufrimiento! Pero no será lo que yo quiera, sino lo que quieras tú'» (Mateo 26:39 TLA).

Incluso en medio del sufrimiento, Jesús supo cómo sentir la seguridad de estar en los brazos del Padre. Para volvernos parte de Su plan, tenemos que soltar el nuestro.

### UNA NUEVA MANERA DE VER EL RENDIRSE

Nos tenemos que rendir ante Aquel que siempre ha estado luchando a nuestro lado. Aquel que ya ha ganado. Debería ser algo fácil de aceptar; el problema es que los luchadores están hechos para resistirse a rendirse.

Pero he estado aprendiendo a ver la rendición desde una nueva perspectiva.

Rendirse no es pasivamente darse por vencido, sino un avanzar activo. Rendirse no es una derrota, sino una desviación de nuestro propio plan.

Rendirse no es renunciar, sino entregar... a Alguien más fuerte. En lugar de limitarnos las opciones o restringirnos, rendirse destapa el potencial glorioso de Dios para nuestras vidas. La confianza activa que implica rendirse nos impulsa hacia la historia de Dios.

Al principio, cuando la canoa de mi salud se volcó, me aferré a una rama diferente: el resultado. Las aguas de la adversidad me jalaron con fuerza amenazando con arrastrarme al fondo. Pero, como dice Eckhart Tolle: «Es un acto de mucho mayor poder soltar algo que aferrarse a ello.»

Lo que Tolle quizás no haya reconocido es que el poder al que accedemos viene de Dios.

### EL MEJOR FINAL

En lugar de al resultado, debí haberme aferrado a Dios, confiando en Él para el final de la historia.

Tal como con la vara de Moisés que se convirtió en serpiente, primero tenemos que entregar lo que traemos en la mano; tenemos que rendir toda nuestra fuerza para ganar la Suya. Debemos hacer lo que se pueda, pero dejar el resultado final en manos de Dios.

Al hacer eso, comenzamos a darnos cuenta de lo que Dios quería que supiéramos desde el principio: el resultado no depende de nuestro poder o habilidad, sino de la Suya.

Cuando por fin solté la rama en aquel viaje desdichado de canoa, fue una de las cosas más difíciles que había hecho a lo largo de mis veinticinco años de vida. Décadas después, al sentir cómo las aguas turbulentas de la insuficiencia cardíaca me arrasan, he tenido que volver a aprender a soltar.

Entonces, ¿cuál es el nuevo plan, el diagnóstico tras la insuficiencia cardíaca? La verdad es... no lo sé. Y me frustro cuando parece que los médicos tampoco lo saben. Pero el Espíritu Santo está obran-

## DESVIACIÓN DIVINA

do para ayudarme encontrar paz aún sin respuestas. Rendirse por completo también requiere de ello.

Y tengo un presentimiento de que cuando logre tener suficiente valor como para soltar aquella rama, Él estará justo ahí para agarrarme.

DÍA 31

# Sentada en el autobús

Durante mi infancia en la granja, por razones demasiado complicadas y demasiado políticas para mi mente de seis años, el autobús escolar recogía a mis hermanos y a mí y nos dejaba a casi un kilómetro de nuestra casa, en la intersección de cuatro campos de trigo.

Mi mamá solía llevarnos en auto hasta la esquina un poco temprano porque el conductor del autobús era gruñón y no le gustaba que lo hicieran esperar. De hecho, varias mañanas el autobús se fue sin nosotros porque yo olvidaba un libro y tenía que volver a casa antes de subir al auto para ir a la parada. También el conductor era famoso por echarnos del autobús al final del día si mi mamá no estaba ahí para recibirnos. En casos así, mis hermanos y yo caminábamos a casa por la transitada carretera de asfalto.

Un día cuando estaba en el primer grado, me quedé sola en el autobús porque mis hermanos mayores tenían actividades extracurriculares. Al llegar a mi parada, a casi un kilómetro de la casa, mi mamá no estaba. Hacía mucho frío y viento, y comenzaba a caer aguanieve. El clima había cambiado drásticamente durante aquel día primaveral, y en el apuro caótico de la mañana, había olvidado mi abrigo.

Recuerdo mirar al conductor tratando de descifrar su estado de ánimo. Sentía que me deshacía. ¿Me obligaría a caminar a casa sola? Pegaba mi cara contra la ventana empañada, imaginando a cada milisegundo que aparecería el Pontiac color aguacate de mi mamá.

*¿Dónde podría estar?*

## CUANDO DIOS PARECE TARDAR EN LLEGAR

La misma pregunta surge en la travesía de nuestra fe. *¿Por qué no ha llegado Dios?* Y a veces, en medio de esta espera insoportable, comenzamos a cuestionar la naturaleza de Dios y su elección del momento oportuno.

Jesús esperó dos días antes de ir a ver a Lázaro, que estaba enfermo. Cuando por fin llegó, parecía obviamente demasiado tarde. Su amigo ya había muerto.

Carolyn Custis James, la autora de *Cuando la vida y las creencias chocan*, explica: «Cada duelo es bidimensional: la pérdida en sí, junto con el pensamiento inquietante de que todo se podría haber evitado tan solo si Dios hubiera actuado».

Si tan solo Él hubiera actuado a tiempo. A *nuestro* tiempo.

*Si tan solo hubieras estado aquí, mi hermano, mi carrera, mi sueño, mi matrimonio, no habría muerto. ¿Dónde estabas? ¿Por qué tardaste tanto? ¿Acaso no has estado escuchando mis gritos?*

Al principio de mi diagnóstico, luchaba con cómo conectar mis creencias sobre Dios con lo que estaba sucediendo en mi vida. O, más precisamente, con lo que no estaba sucediendo.

Casi de inmediato, me obsesioné con sanarme. Cada día y casi cada pensamiento giraban en torno a los medicamentos y sus efectos secundarios, la dieta y el ejercicio, el descanso y la investigación. Habíamos hecho todo lo que los médicos nos habían pedido y todo lo que podíamos pensar espiritualmente hablando. Mi cara de seis años estaba pegada a la ventana empañada por dieciséis meses.

Pero no apareció Dios. O por lo menos, no con sanación.

## UN CAMBIO DE ENFOQUE

Algunos días extraño la comprensión dichosa pero difusa de la niñez. En ese entonces, sabía lo suficiente como para saber que no

## DESVIACIÓN DIVINA

sabía. Y lo aceptaba. Últimamente, he estado intentando revivir esa confianza infantil que tanto admiraba Jesús. Esa fe modesta es lo que siempre nos sostiene en nuestros momentos más desesperados cuando nos falla el razonamiento, y cuando no hay posibilidad de comprender lo que está sucediendo.

Simplemente tomar a Dios por Su palabra. «...Yo estoy con vosotros todos los días, hasta el fin del mundo» (Mateo 28:20b LBLA).

En ese autobús, pensaba en mi madre y en cuánto la amaba. En cómo siempre había dependido de ella. En cómo ella era digna de la fe que tenía en ella.

Sin embargo, durante meses como adulta en mi camino de salud, me enfocaba más en el resultado que en Dios. Sin darme cuenta, había transformado mi problema en algo más grande que mi Dios.

Escribí esto en mi diario un domingo de Pascua, exactamente un año antes de la primera mejora medible de mi función cardíaca:

*En la iglesia tuve que enfrentar a toda la gente que ha estado orando por mí por meses. La mayoría ya sabían de las malas noticias que recibimos en Cleveland y solo querían mostrar su apoyo. Traté de mantener todo bajo control, pero no lo logré al 100 por ciento. Algo en sus abrazos y sonrisas compasivas me rompía el corazón. Ellos deseaban mi sanación tal como yo, y yo tenía tantas ganas de celebrar una victoria hoy. Quizás más por ellos, pasé una gran parte de los servicios de adoración mordiéndome el labio para tratar de contener las lágrimas. Luego le dije a mi esposo que ni siquiera sé si lo que realmente quiero es ser sanada. Simplemente quiero ver que se mueva Su mano. Para todos nosotros.*

Viví un año entero antes de comenzar a comprender el porqué de la espera. No me había dado cuenta en ese momento, pero la espera ya me estaba comenzando a transformar. Mi enfoque estaba cambiando del resultado a Él. Cuando el polvo de las súplicas desesperadas se despejó, solo quería percibir la presencia innegable de Dios. Quería que Él fuera real.

### LA ESPERA PROPORCIONA PERSPECTIVA

En la espera, empezamos a darnos cuenta de lo que realmente

deseamos y de que lo que realmente esperamos es a Él.

Al esperar a Jesús, Martha, la hermana de Lázaro aprendió que su verdadera fe estaba en Él en lugar de la ayuda física que Él podría proveer. Ella corrió hacia Él mientras Él se acercaba a su casa, aunque su hermano no había sobrevivido. Aunque ella todavía no entendía porque llegaba tan obviamente tarde.

Durante esos momentos tensos, esperando en el autobús con el conductor siniestro, sabía con cada fibra de mi nervioso ser que mi mamá estaba en camino. Mientras veía juntarse el hielo en las ventanas del autobús, volvía a enumerar todas las razones por las cuales estaba agradecida de tenerla en mi vida.

Después de lo que parecieron horas, el auto de mi mamá llegó y me bajé de prisa del autobús. Traté de caminar lo suficientemente rápido como para no oír las amenazas del conductor: «¡La próxima vez que nadie venga por ustedes, tendré que dejarlos!» Mi mamá había llegado justo a tiempo, y su fidelidad me mostró que podía depender de ella. Pero, no me habría dado cuenta de eso si no hubiera tenido que esperar.

Una de las lecciones más grandes de mi insuficiencia cardíaca: La espera fomenta la dependencia en Dios.

Cuando Dios dice *Espera*, lo que está diciendo es: *Aférrate a mí*. En lugar de aferrarte a una consecuencia o un resultado. Él se coloca por encima de la petición. Lo cual nos ayuda a ver que Él es nuestra única esperanza duradera.

El trabajo espiritual más difícil e importante de cualquier vida sucederá en la espera. Sentada en ese autobús.

Y, a veces, tarda más de lo que quisiéramos.

DÍA 32

# Lo que no esperamos

Nos despedimos en medio de una extraña ola de frío otoñal. Las temperaturas debían estar arriba de los quince grados ese día, pero no fue así. La nieve caía como gracia en los campos de trigo de octubre mientras enterramos a mi mamá. Una cobija extraña de confort, como si Dios estuviera diciendo: «Las cosas inesperadas suceden, pero no significa que no estoy en control. Lo que realmente significa es 'Yo Soy', como el maná que bajaba del cielo».

Para los israelitas y para mi familia herida, no es lo que queríamos ni esperábamos. No es lo que habíamos pedido ni orado. No es lo que habían predicho los que tienen talentos y habilidades dados por Dios.

Mi mamá vivió más que la mayoría. Quiero aceptarlo. Quiero amarrar todo con un gran moño; pero estoy luchando. Antes de que mi papá perdiera su batalla contra el cáncer, ella era una persona vibrante y llena de vitalidad. Planeábamos la próxima fase de su vida, y contábamos con muchos años más. Sin embargo, menos de cuatro meses después, sin advertencia y sin palabras finales, la perdimos.

## DIOS DE LO INESPERADO

Por mucho que desee una justificación completa —preferiblemente por escrito—, estoy segura de que no estoy segura de que no la obtendré.

Y hay una buena razón. Él es bueno siendo Dios. Y como lo dice Anne Lamott: «Un buen nombre para Dios es 'No Yo'».

Porque mi mente jamás podría comprender Su plan. Tal como la mente de mi hijo pequeño no podía comprender por qué tuve que quitarle todos sus "bobs" —esos chupones no le iban a quedar muy bien en la universidad—, y tratar de explicarle la razón habría sido inútil.

Es posible que, incluso como adultos, no reconocemos lo mejor que tiene Dios para nosotros porque no podemos reconocer cuál es nuestra necesidad más profunda. Por lo tanto, lo inesperado nos confunde.

«Dios no nos debe una explicación cada vez que hace algo que no entendemos.» —Bob Goff

Nuestra confusión se atenúa por esto: desde el maná en el desierto hasta el hijo de Sara y el Rey montado en un burro, *hacer lo que no esperamos* es el modo de operar de Dios. Y es como muestra Su amor.

A pesar de mi comprensión limitada, vivo cada día amarrada estrechamente en este amor impredecible. Y aunque no lo sepas, tú también.

## LA DECEPCIÓN SUCEDE

Todos cargamos con expectativas no cumplidas: ascensos profesionales, resoluciones en relaciones o la erradicación de enfermedades. Ideas dignas de las que estábamos seguros de que Dios aprobaría y apoyaría. Pero, por alguna razón, no lo hizo.

Como la idea de que mi mamá cargaría a uno de mis nietos, o la de la restauración de la función de mi propio corazón.

Estas expectativas no cumplidas crean decepción, y la decepción puede provocar la queja. Y no solo en las cosas grandes.

De mi diario:

*La parte crónica de esta enfermedad ya me está calando. No sé por qué, pero no esperaba que durara tanto. Toda mi vida he dormido boca abajo; incluso durante mis tres embarazos. Ahora, con el desfibrilador cardioversor implantable (DCI) justo debajo de la piel en el lado izquierdo de mi pecho, ya no puedo hacerlo. Solo me queda*

## DESVIACIÓN DIVINA

*dormir sobre el lado derecho o boca arriba, lo que me hace dar vueltas en la cama noche tras noche.*

¡Qué rápido olvidé el milagro anterior! Ese corazón agrandado en el cual todos los demás habían perdido la esperanza, de alguna manera, seguía latiendo.

Seguramente los israelitas podrían identificarse. Perdieron el encanto por el maná que les sustentaba y clamaban a Dios por algo mejor. Apenas un capítulo después de la apertura milagrosa del mar Rojo, ya esperaban que Dios moviera las aguas para acomodarlos a ellos. A menudo también busco a Dios solo en el último lugar donde lo vi. Había sostenido mi propia salud en declive tan recientemente, que estaba segura de que estaría ahí mismo para hacer lo mismo por mi mamá.

Aunque este Dios no es predecible, Su pueblo sí lo puede ser: siempre conocido por sus quejas al esperar un camino rápido y directo a la Tierra Prometida. Pero Dios edifica por medio del tiempo y las desviaciones para enseñarnos una dependencia diaria y una protección comprobada.

Mi mamá entendía esto. Nunca la vi expresar decepción hacia Su Dios. Dentro de su pequeño cuerpo había una determinación férrea para sobrevivir. Y fui testigo de cómo su profunda fe le daba a Dios el espacio para obrar a través de las dificultades diarias y las expectativas no cumplidas.

### SOLTANDO LAS EXPECTATIVAS

Por más vívido que fuera el ejemplo de mi mamá, fue la insuficiencia cardíaca la que me enseñó de primera mano a soltar las expectativas. Sigo luchando para aplicar las lecciones a las pérdidas que he sufrido desde entonces:

**He aprendido que puedo dejar mis expectativas en manos de un Dios que cuida de mí**, aunque a menudo no me dé lo que quiero.

**He aprendido que, aunque no entienda, todavía puedo confiar en Su soberanía**. Esto no me hace hipócrita, superficial ni irracional. Me hace humana. Me hace creyente.

**He aprendido que puedo cubrir con Su fidelidad pasada los espacios donde aún no tengo respuestas,** porque Él nunca prometió ser el Dios de lo esperado.

**He aprendido que puedo lamentar** que vivir en este mundo significa tener muy poco control sobre mi vida.

**He aprendido que la fe no puede sanar el hecho de ser humano,** y debo dejar de esperar que lo haga.

**He aprendido que, si mi vida pudiera predecirse** por modelos matemáticos y proyecciones científicas, no lo necesitaría a Él. Y la intimidad de la oración carecería de significado.

**He aprendido que Él es un Dios que no quiere que le expliquemos,** sino que le invitemos a entrar.

«Y él dijo: Mi presencia irá *contigo*» (Éxodo 33:14 RV60).

La presencia de Dios llegó de nuevo en una forma que no había anticipado. Aún mientras nos acercábamos a la sepultura, con unas pocas sillas de la funeraria y el estacionamiento vacío a un lado, recordé a mis viejos amigos que habían conducido diez horas por el hielo inesperado el día anterior. Tampoco los esperaba yo.

## EL TRATO SILENCIOSO

Mi corazón débil me recuerda cada día que estoy mucho más cerca al final de esta jornada que al comienzo, y la mayoría de los días todavía tengo más preguntas que respuestas. Por lo tanto, sigo preguntando. Los israelitas aprendieron, también, que la clave es nunca dejar de hablar con Él durante todo el camino, aun cuando esta comunicación suena más como refunfuños y quejas. Incluso cuando todo lo que podamos hacer es preguntar, *¿por qué?*

Temblando junto al ataúd de mi mamá, volteé a ver la sepultura de mi papá todavía cubierto de tierra fresca. Yo quería aplicarle a Dios el trato silencioso. Este Dios que yo había conocido por tanto tiempo se negó a ser quien creía que necesitaba: un cumplidor de deseos, un complacedor de personas, un Dios de lo esperado.

Igual que con mis papás en el bachillerato, no pude lograr mantener el trato silencioso con Dios por mucho tiempo. Nuestro amor tenía demasiada historia.

Moisés y su pueblo vivían en el otro lado, el lado más nublado de la resurrección. Nosotros tenemos la bendición de ya saber el final de la Gran Historia. No sabemos cómo se desarrollará nuestro capítulo individual, aunque esperamos ciertas cosas por haber leído el capítulo de los demás.

Como nos recuerda el fin de semana de Pascua, aun cuando nuestras expectativas humanas se aplastan y nuestros peores temores se hacen realidad, no es el final en la narrativa de Dios.

Mi mamá firmó una orden de no resucitar (ONR), indicando que no quería que le aplicaran maniobras de resucitación, y le dijo a mi hermano el día que falleció que se sentía lista para cuando llegara su momento. Tampoco creo que lo esperara tan pronto.

Después del servicio, nos paramos junto a la sepultura de mi mamá más tiempo del que debíamos en esas condiciones heladas. No aguantábamos la idea de dejarla sola en la tierra congelada. En un lugar donde jamás ella nos dejaría a nosotros.

Pero al subirme al auto calentito, me di cuenta de que ella no estaba sola.

Y supe que ella nunca esperaba estarlo.

DÍA 33

# Mientras tanto

Reconocí la expresión en el rostro de mi esposo cuando comenzó a voltear los bolsillos de su pantalón. Al pensar en tomar un descanso de las largas filas del parque de diversiones para almorzar, se dio cuenta. Habíamos perdido las llaves. Y no solo una llave de hotel. Habíamos perdido la llave de nuestro Airbnb (la casa que habíamos rentado para las vacaciones), el control remoto para el portón y la llave del auto rentado. Unas horas después de recorrer nuestros pasos, de buscar entre los objetos perdidos, y después mientra revisábamos con cuidado entre las filas de las atracciones, los asientos de los juegos mecánicos y los auditorios, comenzamos a calcular el peor de los escenarios.

El anfitrión del Airbnb nos informó que tendríamos que pagar por una nueva llave y, si la llave perdida no aparecía, también por cambiar la cerradura. Además, el portón tendría que ser reconfigurado. La llave inteligente del auto tampoco era barata y tendríamos que llamar a una grúa para llevar al auto desde el estacionamiento de Universal Studios hasta la oficina de Hertz. Ni hablar de los viajes en Uber para movernos y regresar al aeropuerto. En el sur de California, fácilmente estábamos viendo un gasto de cuatro cifras para poder salir de este problema.

Sabíamos que, después de todo, llegaríamos a casa con una historia interesante que contar, pero no teníamos idea de cómo se desarrollaría todo en el transcurso. Y pensar en todo lo que podría pasar nos tenía algo inquietos.

Para alguien que debería tener una tarjeta de cliente frecuente con el cerrajero local, era una sensación familiar.

## ACEPTANDO LA TENSIÓN CON LOS BRAZOS ABIERTOS

No era tanto el costo del peor escenario, sino ese periodo incierto. Casi todo el día nos sentíamos suspendidos en el limbo, sin saber si estar despreocupados y felices o profundamente preocupados. Intentamos divertirnos, pero a cada rato volvíamos a la entrada del enorme parque para revisar los objetos perdidos. Una nube oscura persiguió a nuestra familia durante el resto del día.

En la Biblia, Rut experimentó un periodo mucho más profundo y oscuro: la pérdida de su esposo y suegro, su hogar en Moab y su forma de vida. En una escala más pequeña lo he sentido también con mi lucha con la insuficiencia cardíaca.

Como seguidores de Dios, se nos encarga vivir la historia confiando en Él para terminarla. Y a veces esto significa pasar un rato en el "mientras tanto", en el espacio liminal.

El espacio liminal es el espacio entre dos puntos de existencia.

Físicamente, estos lugares pueden ser el hueco de las escaleras, los elevadores, los pasillos, los estacionamientos.

Espacios liminales no físicos podrían ser el espacio entre:
- perder un trabajo y conseguir uno nuevo,
- salir de una casa e instalarse en una nueva,
- terminar una relación y comenzar una nueva,
- recibir un diagnóstico y ser sanada.

Estamos familiarizados con el lugar que dejamos atrás y podemos visualizar adónde llegaremos. El espacio liminal es la transición, un lugar de espera. Se encuentra después de que Dios cierra una puerta y antes de que abra otra: el pasillo infernal.

Sobre todo, el espacio liminal es un lugar de incertidumbre. Es

## DESVIACIÓN DIVINA

allí donde vive la fe.

Cada vez que experimentamos una pérdida, entramos en el espacio liminal, en la tensión entre lo familiar y lo desconocido. El diseño de Dios es tal que lo viejo no suele ser seguido inmediatamente por lo nuevo. Él nos provee un tiempo intermedio para preparar nuestros corazones.

Estoy segura de que Rut ya estaba lista para seguir adelante con su vida, para saltarse la parte oscura: recoger espigas en el campo y el proceso de madurez.

La mayor parte de mi vida *tipo A*, he considerado el espacio liminal como algo débil, vacilante y desperdiciado. Pero ahora estoy aprendiendo a ver esos «mientras tanto» de manera diferente.

### LA OBRA TRANSFORMADORA DE DIOS

A mi y a mi esposo nos gustan las buenas series de Netflix. Todo comenzó con la de *Stranger Things*. Al principio no nos dimos cuenta qué tanto de la historia se lleva a cabo en la realidad alterna llamada «Mundo del Revés». Si yo pudiera escribir una secuela espiritual para Stranger Things, incluiría el «Mundo del Mientras Tanto» en lugar del «Mundo del Revés». Allí es donde se lleva a cabo la parte más importante de nuestra historia como seguidores de Cristo.

Espiritualmente hablando, el espacio liminal es un regalo que desacelera la película de la vida, permitiendo que ocurra la transformación. Es un espacio donde crecemos en paciencia y en otros frutos del Espíritu; es donde llegamos a conocer mejor a Dios y a confiar más en Él. Es el lugar donde nos acercamos más a Él de lo que hubiésemos pensado que fuera posible cuando estábamos en la seguridad de la certeza. Eventualmente nos damos cuenta de que la tensión de lo desconocido es mucho mejor que una vida a solas.

Y el «mientras tanto» es el único espacio donde puede nacer una nueva realidad. El autor y teólogo Richard Rohr describe este espacio sagrado como el lugar «donde el viejo mundo puede desbaratarse, y donde se revela un mundo mucho mayor».

En el espacio liminal, Rut tuvo la oportunidad de estrechar su compromiso con Nohemí. Esto es exactamente lo que llamó la atención de Boaz y lo que le gustó tanto de ella. Y, al confiar fielmente en ese espacio intermedio, Rut se casó con Boaz y su hijo formó parte del linaje de Jesús.

Y había muchos más.

Getsemaní fue un espacio liminal. También lo fue el desierto para los israelitas; y lo fue la prisión para Pablo. Igualmente, cuando Miriam colocó a su hermanito Moisés en el río Nilo; y cuando Abraham puso su esperanza en la promesa ancestral de Dios. Tenemos la bendición de ver más allá de solo el «mientras tanto» de estas historias.

El mismo Dios sigue con el propósito de terminar historias hoy en día.

De mi diario:

*En dos meses regresaremos a la Cleveland Clinic. Ya conocemos bien el camino. Físicamente, tenemos nuestras paradas habituales, y médicamente, ya tenemos la rutina dominada. Lo que no conocemos es la parte de la historia que estamos viviendo actualmente, en estos meses que pasan en cámara lenta entre consultas. No sé si estoy al final de algo (siendo una paciente de insuficiencia cardíaca de alto rendimiento) y al comienzo de algo más (convertirme en una paciente de trasplante). O si todavía estoy exactamente en medio de los dos.*

*Hemos vivido la mayor parte de los últimos años en el limbo.*

*Me he preguntado seguido por qué las enfermeras y los médicos que me trataban al principio salían de mi habitación con lágrimas en los ojos. Ellos veían a tantos pacientes, muchos que sufrían más o que estaban más cerca de la muerte que yo. Ahora me doy cuenta de que ellos lloraban por algo que ni siquiera sabía que debía lamentar aún: una pérdida viviente. La insuficiencia cardíaca, con un pronóstico indefinido, me había introducido a una especie de espacio gris para el resto de mi vida. Ahora todo lo que puedo hacer es vivir mi mejor historia para asegurar que estos capítulos intermedios no se desperdicien. Y para esperar a ver qué hace Dios a continuación.*

En su origen en latín, «liminal» significa *umbral*, el punto de entrada, el comienzo. Esta misma palabra, este mismo espacio que podemos experimentar como un oscuro y silencioso búnker, puede ser un borde, un umbral. La fe requiere que veamos al espacio liminal no como una celda de detención, sino como un umbral con una vista única de lo que Dios tiene preparado para nosotros en Su historia.

## EL OTRO LADO DE LA INCERTIDUMBRE

Un alma responsable entregó nuestras llaves a la oficina de objetos perdidos el siguiente día. Se habían caído del bolsillo de mi esposo en el juego de *Harry Potter and the Forbidden Journey*. (Él sigue insistiendo que el juego valió todo el estrés).

Fuimos librados de lo peor de nuestros temores, como tan a menudo sucede en esta vida.

Aún así, tal como el fiasco en el parque de diversiones, y como el futuro nebuloso de Rut, ahora me encuentro viviendo en un espacio liminal.

En el «mientras tanto».

En el umbral.

Tal vez tú también lo habites: lamentando una pérdida, recogiendo en campos ajenos, esperando la sanación. Que sepas que no has sido olvidado en tu espacio liminal.

Porque nuestro Dios tiene un final perfecto en mente.

Para cada historia.

DÍA 34

# Gozo a media carrera

Era el día perfecto –soleado en abril– para ver mi primer maratón de Boston. Salí temprano del Airbnb con un plan. Había trazado todas las paradas del metro y luego esperé mi turno frente a la barrera temporal a lo largo de Boylston Street. Estaba a varias cuadras del final de la carrera en la Plaza Copley, donde solo había 10 personas delante de mí. No tendría oportunidad de acercarme tanto al recorrido más adelante, cerca de la línea de meta, así que me emocionó encontrar este lugar en un punto intermedio de la carrera.

La aplicación del maratón me permitió seguir a mi esposo a lo largo de su recorrido. Durante las siguientes dos horas me fui acercando poco a poco hacia la barrera mientras los espectadores se retiraban. Logré posicionarme al frente y estar lista mucho antes de que él diera vuelta por la esquina y entrara a Boylston. Sabía que debía buscar una camiseta sin mangas color naranja brillante. Mi esposo no tenía idea de que conseguiría un lugar en primera fila entre más de un millón de entusiastas apasionados.

Mientras se acercaba a mi punto del recorrido, otros corredores veían a sus familias junto a la barrera y corrían hacia ellos, las abrazaban, las besaban y chocaban las manos. Le pedí a un espectador que estaba a mi lado que nos tomara una foto cuando mi esposo se acercara a la barrera. Cuando finalmente lo vi, empecé a gritar su nombre. Saltaba de un lado a otro. Inclinándome sobre la barrera, agitaba los brazos como si estuviera arreando ganado embravecido, sacudiendo el cartel improvisado que alguien me había dado. El señor a mi lado se ofreció a ayudarme a gritar más fuerte. Pronto un pequeño grupo se unió a nosotros.

Mi esposo ni siquiera miró en mi dirección.

Corrió junto a nosotros... con una gran sonrisa en el rostro.

## EL MEJOR LUGAR PARA CELEBRAR

Derrotada, cedí mi codiciada posición al club de fans de otra familia que esperaba detrás de mí.

Una vez que finalmente nos reunimos al otro lado de la línea de meta, lo confronté acerca del desaire en la barrera. Mi esposo dijo: «Pensé oír mi nombre, pero no conozco a nadie aquí y asumí que ibas a quedarte en la habitación. Además, me pareció una voz de hombre, entonces me imaginé que no era yo por quién gritaba.»

Después de insistir un poco más, me admitió que se había convencido de que, dado que la probabilidad de que fuera yo quien le gritaba desde la barrera era muy baja, lo mejor era seguir corriendo para mantener su tiempo. Siempre podríamos celebrar juntos más adelante.

Aunque apoyo el gusto de mi esposo por correr, como alguien que no corre, generalmente no me emocionan las conversaciones sobre ese deporte. Pero ahora, después de este recorrido extendido con la insuficiencia cardíaca, he comenzado a notar algo en relación con los retos prolongados. Algún punto intermedio es el mejor lugar para celebrar.

Los corredores de larga distancia altamente entrenados (como mi esposo) pueden llegar a un punto, después de varios kilómetros, donde una carrera larga empieza a volverse más fácil. Esta «euforia del corredor» es una sensación de bienestar extremo cuando se liberan en el cuerpo endorfinas, dopamina y otras sustancias bioquímicas.

Los luchadores de enfermedades crónicas conocen la práctica del largo recorrido. Las nubes tempestuosas constantemente oscurecen y amenazan, las preguntas a menudo nos hostigan, el dolor sigue de visita. Atravesando por una pandemia estancada, un divorcio alargado, o un desempleo prolongado, la mayoría de nosotros podemos identificarnos. Aun así, muchos han encontrado la euforia del corredor, un cierto «gozo a media carrera». Y es más profundo y rico que una alegría circunstancial.

El apóstol Pablo a menudo utilizaba metáforas de carrera en sus escritos inspirados por el Espíritu. Durante su encarcelamiento a media carrera, Pablo conocía el «el bien supremo de conocer a Cristo Jesús» (Filipenses 3:18 DHH). Pablo sabía cómo encontrar el gozo profundo en medio de los retos prolongados de la vida.

## ADORACIÓN SIGNIFICATIVA A MEDIA CARRERA

Tengo la mala costumbre de esperar hasta el final, hasta el último capítulo seguro, para bajar la guardia y regocijarme (en eso soy peor que mi esposo), aunque esa es una postura inconveniente y seria cuando se trata de la insuficiencia cardíaca y de la vida en general.

Lo que estoy aprendiendo es esto: está bien celebrar en medio de una crisis. De hecho, es necesario. Y, al hacerlo, no estamos ignorando el sufrimiento del mundo o nuestro dolor personal. Como lo dice Jennie Allen: «Podemos observar nuestro sufrimiento sin dejarnos vencer por nuestro sufrimiento».

El gozo a media carrera es una forma de adoración: mostrar amor a un Dios que jamás nos abandonará y reconocer esto en el intermedio caótico, cuando parece que aún lo podría hacer.

Elevar a Dios es la experiencia más poderosa, no cuando recibimos lo pedido, sino tal vez de forma más pura cuando no lo recibimos. Es más honesto y real honrar a Dios antes de que todo se resuelva, mientras aún se siente que todo se está derrumbando.

El gozo es posible y necesario en el medio porque es el único lugar donde sucede la verdadera adoración. Quizás nuestra carrera se hace eterna «para que no confiáramos en nosotros mismos, sino en Dios» (2 Corintios 1:9b). Es el lugar donde Pablo comenzó a escribir el libro que habla tanto de correr la buena carrera.

Cuando se acabe esta carrera, quiero recordar que lo necesité con la misma desesperación en mis mejores días que en los peores. Él es igual de fiel y real tanto en el medio como al final. Sin embargo, el medio es la parte difícil. Es donde los empleos son inciertos, los matrimonios tambalean, las sanaciones no han sucedido. El medio no tiene el optimismo del comienzo ni la emoción del final. Pero el medio es donde se gana toda carrera, porque es donde se desarrolla la historia. Es donde se vive la vida.

Como describe Katherine Wolf en Suffer Strong: «La celebración puede ser un acto de adoración, un acto de esperanza y tal vez, de alguna manera, un acto de rebelión gozosa contra el temor».

El gozo a media carrera es un acto de celebrar la vida que tenemos y de aceptar lo que venga, que no podemos ver. Los días oscuros intermedios son donde confiamos en que Él no solo es un Sanador, sino también un Resucitador.

Y el gozo viene de saber que, aun cuando cada hilo parezca deshilacharse, cuando a cada músculo se le acabe la energía y el camino por delante parezca interminable, jamás se nos abandona para correr la carrera a solas.

## UN MEDIO DESCONOCIDO, UN FINAL CONOCIDO

La parte más difícil de las carreras de resistencia en la vida es que, al contrario de un maratón de verdad, no siempre sabemos cuánto va a durar nuestra carrera. Y a veces no lo calculamos bien.

De mi diario dieciséis meses después de recibir mi diagnóstico:

*Hoy tuvimos una cita en la Cleveland Clinic para determinar si el marcapasos/desfibrilador que me implantaron en agosto había mejorado mi función cardíaca. Los médicos no eran optimistas. Esperaban quizás, en el mejor de los casos, una mejora de cinco puntos debido al avanzado estado de mi insuficiencia cardíaca. Pero obviamente no contaban con el poder de la oración para mover la mano de Dios. Increíblemente, después de más de un año sin mejorar, mi función cardíaca se duplicó del 12 por ciento al 25. Mi cardiólogo en Cleveland dijo que ya no soy su paciente en condición más crítica. Evelina, la ecografista con*

## DESVIACIÓN DIVINA

la que hemos formado una relación durante el último año, me llamó la «mujer milagro» de la Cleveland Clinic.

Pensé que me acercaba al fin, pero sigo, aún años después, a media carrera en esta enfermedad crónica.

Mucha de la vida puede parecer un maratón sin la línea de meta a la vista. Incluso como creyentes batallamos. Vivir en la sombra de la fe en este mundano y maníaco intermedio es el desafío que tenemos como cristianos.

Los maratones son difíciles incluso para el atleta entrenado. También difíciles son la infertilidad, las finanzas, las relaciones y la vida en este lado de la eternidad.

Pero en nuestro gozo a media carrera resuena con valentía una verdad a lo largo de nuestro territorio inexplorado: Aunque no conocemos el recorrido completo, sabemos cómo termina.

Mi esposo corrió su mejor marca personal en el Maratón de Boston ese año. Y terminó dentro del 30 por ciento superior en general. Bastante impresionante para un corredor primerizo en una carrera tan legendaria. ¿Y quién sabe? Una visita a la barrera podría haber afectado su ritmo, concentración o paso. Aún así, esto nos da risa y lamentamos no haber logrado la foto que yo tan cuidadosamente había planeado.

Conociendo el aprecio que tiene mi esposo por el deporte y su deseo de años por competir allí, sé que estaba gozoso al pasarme corriendo con paso firme por Boylston hacia la línea de meta del Maratón de Boston. Había fijado la mirada en el premio, como siempre lo ha hecho en su carrera cristiana.

Y tal como todos lo debemos hacer en la carrera larga, él celebraba a media carrera.

Solo que se veía diferente de lo que yo había planeado.

DÍA 35

# Cometiendo Errores

He repasado los eventos en mi mente por años, tratando de identificar cómo pudo haber sucedido. Esta es mi mejor conjetura.

Un sábado antes de tener esta enfermedad crónica, entré a la cocina para tomar mi pastilla semanal para la densidad ósea. Al desenvolverla, sonó el teléfono. Contesté el teléfono fijo y hablamos mi mamá y yo mientras permanecía atada a la pared por el cable. Nuestra conversación me recordó que era el primer día del mes y tiempo de dar a mi perrito su medicina contra la filaria. Después de colgar, encontré su pastilla, y abrí el refrigerador en busca del queso necesario para envolverla. Mi perrita, Mocha, se lo comió en una sola mordida. Luego, al darme cuenta de que no había tomado mi propia pastilla, extendí la mano hacia la que quedaba sobre la mesa.

*No era la mía.*

Volteé a ver a mi perrita de menos de cuatro kilos y entré en pánico. Llamé a la línea de urgencias veterinarias y enseguida me bombardearon con una avalancha de preguntas:

La recepcionista: «Sí, eso sería tóxico para los perros. ¿Cómo es que la perrita se comió tu pastilla?»

Yo: «Se la di...accidentalmente.»

La recepcionista: «Que raro, porque normalmente los perros no comen los medicamentos humanos por el olor.»

Yo: «La envolví en queso.»

(Hubo un silencio prolongado al otro lado de la línea mientras yo pensaba en lo loco que debía sonar todo eso, y mientras ellos consideraban si debían llamar a la SPCA —Sociedad para la Prevención de la Crueldad contra los Animales— o no.)

Déjame decirte que tuve que dar muchas explicaciones, tanto a la recepcionista como a mi hija de nueve años, quien llegó justo a tiempo para verme sacudiendo intencionalmente a nuestra salchicha miniatura, como si fuera un Etch-a-Sketch (un juguete en el que tenías que mover las perillas para dibujar algo y luego sacudirlo para borrar lo dibujado), siguiendo las instrucciones del veterinario:

— Ábrele el hocico de la perrita a la fuerza y viértele «un buen» de peróxido de hidrógeno.

— Sacude a la perrita vigorosamente hasta que le salga espuma por la boca.

— Vomitará varias veces durante las siguientes horas.

— Tendrás que asegurarte de que la pastilla finalmente salga.

Este error no me volvió la Madre del Año ni con mi hija ni con mi perrita.

## EVITAR ERRORES

Si eres como yo, has pasado una buena parte de tu vida evitando errores tan notables. (Porque, entre otras razones, los hijos tienden a contar y volver a contar ciertas historias comprometedoras). Honestamente, toda mi vida había estado edificando sutilmente mi identidad en torno a tener razón. Ojalá me hubiera dado cuenta desde hace mucho tiempo de que, de una forma u otra, la fragilidad parece encontrarnos de todos modos. No por nuestro diseño propio sino a veces, solo por las circunstancias.

Y en otros momentos, por ignorar un problema.

Aunque no tenía ningún factor de riesgo ni ningún antecedente familiar, tenía señales de advertencia temprana de la insuficiencia cardíaca: dificultad para respirar, incapacidad para hacer ejercicio, fatiga. Durante años, mi familia me insistía en que fuera al médico.

## DESVIACIÓN DIVINA

Ojalá pudiera decirte que les hice caso, que dejé a un lado mi orgullo de mediana edad, que acudí al médico familiar de confianza, que fui transparente y honesta en mis chequeos anuales. No hice nada de eso. Y ese error dañó mi corazón y acortó mi vida.

## LOS ERRORES PUEDEN SER VALIOSOS

Vivir con ese error (que, en inglés, lleva implícita la idea de fracaso ya que el término usado para «insuficiencia» es literalmente «falla») me ha enseñado otra valiosa lección: Las fallas a veces pueden proveer una oportunidad sin igual. Los psicólogos e investigadores sociales han descubierto que los errores eventualmente nos hacen más seguros, valientes y fuertes. Una vez que nos recuperamos y corregimos los errores, aprendemos qué no hacer, cómo ser resilientes y maneras de sobrevivir a futuros golpes.

La autora Kathryn Schulz escribió en su libro *En defensa del error*: «Es, en última instancia, el error —no el acierto— lo que puede enseñarnos quiénes somos».

Y yo agregaría: *de quién somos*.

*¿Estamos solos en esta aventura propensa a los errores?*

*¿O pertenecemos a Alguien que está en control, a pesar de nuestros errores?*

Nuestros errores revelan la necesidad que nuestra alma tiene de Dios.

Aunque los errores no definen nuestra identidad, forman parte de la base para la única relación que debería definirla. Los errores hacen que dependamos de Él. Es nuestra propia imperfección la que nos acerca a la cruz. Esta mentalidad elimina el peso de los errores de nuestros días y de nuestro destino. Nosotros, los perfeccionistas en recuperación, necesitamos recordarnos constantemente que: «El "bien hecho" de Dios habla menos sobre el valor de nuestras obras que sobre la maravilla de su misericordia». —Scott Hubbard

## LO OPUESTO DE LO QUE DEBERÍA SER

Pesados con la métrica de la misericordia, la gracia convierte los errores en majestad.

Porque la gracia es lo opuesto de lo que es lógico, lo opuesto a lo que *debería ser*.

Cuando Jonás huyó de Dios, cuando eligió no hacer lo que debería haber hecho, Dios hizo que un pez lo tragara. Pero no murió Jonás. De hecho, vivió gracias a ello. El pez, en lugar de devorarlo, lo salvó de ahogarse. Quizás lo que más aprendió Jonás aquel día fue lo siguiente: *Cuando se involucra Dios, la salvación podría ser «no ser consumido por lo que debería consumirte»*.

Un primer sabor de gracia.

Como yo, Jonás pasó años huyendo. Dios utilizó el error de Jonás para salvar a Nínive y, finalmente, para salvar a Jonás de sí mismo. Y la misma enfermedad que debería haberme consumido, en muchos aspectos también me ha salvado. De mi diario:

*Durante los últimos años, he sentido cómo se ha achicado mi mundo. Las opciones, el tiempo, la energía, los niños dejando el nido, menos actividades externas. El ámbito en el cual me muevo definitivamente se ha hecho más angosto. Mayormente por necesidad. Pero no me ha afectado como hubiera imaginado. Si hubiera mirado en una bola de cristal hace veinte o incluso diez años, me habría aterrorizado la realidad que estoy viviendo actualmente. Pero ocurre lo opuesto. Tengo paz, y he descubierto un propósito extrañamente reparado.*

## MEJOR ROTO

*Kintsugi* es el arte japonés de reparar cerámica de una manera única. En lugar de hacer que no se vean las fracturas, en lugar de tratar de reparar la pieza como si nunca se hubiera roto, esta forma de arte exalta las fracturas. La cerámica se restaura con barniz y las grietas se espolvorean con oro. El resultado es asombroso y único, lo opuesto a una vasija inútil y rota.

De manera similar, nuestros errores crean espacio para la gracia.

Como Donald Miller escribió: «La gracia solo se pega a nuestras imperfecciones».

# DESVIACIÓN DIVINA

Hace unas décadas no lo hubiera creído. Somos más hermosos y útiles en Su reino con imperfecciones, con nuestros puntos de quiebra definidos, con nuestros errores pasados resaltados. En las manos cuidadosas del Padre, una realidad dolorosa algún día se convertirá en muchísimo más de lo que antes parecía.

Nosotros, los creyentes reacios a los errores, debemos saber que la única forma de dejar de cometer errores es dejar de vivir. Pero también conocemos a un Dios con un récord bastante impresionante de convertir lo roto en hermoso, la duda en verdad, la oscuridad en luz y la muerte en vida. Él hará lo mismo por tu adicción secreta, tus errores financieros, e incluso tus meteduras de pata como padre o madre (tanto con mascotas como con personas).

Su toque ha creado lo opuesto de lo que *debería* ser. El desobediente Jonás sobrevivió. Mi fe posdiagnóstica florece. Sorprendentemente, mi hija me llama para pedir consejo.

En cuanto a mi perrita, el trauma del incidente con la pastilla debería haberla hecho evitarme a toda costa. Pero justo lo contrario... me perdonó. No fue de inmediato, pero casi diez años después, se acurrucaba a mi lado todos los días durante el choque de los primeros momentos de la insuficiencia cardíaca. De alguna forma, ella conocía algo de la gracia.

No soy ahora quien era antes.

En muchas maneras, mientras mi pronóstico de solo cinco años se queda más y más atrás en el espejo retrovisor, ahora soy lo contrario.

Mi yo más joven intentaba sustituir mi propia *rectitud* por la Suya. Ahora que tomo tantos medicamentos, soy un poco más cuidadosa al repartirlos. Mocha ya falleció (de causas no relacionadas), pero una nueva perrita ha tomado su lugar. He cometido algunos errores con ella también, tal como lo hice en la crianza de mis hijos. Entre otros, mi familia siempre recordará aquel incidente de la pastilla.

En los aspectos más importantes, ahora soy mejor de lo que era en aquel entonces.

No porque he superado mis imperfecciones, sino porque he

aceptado su cura con los brazos abiertos.

He descubierto que aceptar la gracia eclipsa el miedo al fracaso.

Y en el poder de esa gracia, estoy mirando cómo mi vida reparada se convierte en lo opuesto a lo que realmente debería ser.

DÍA 36

# Criada bajo la luz del porche

Oh no, la luz está apagada! Estoy en un buen lío. Acercándome lentamente por el camino de grava crujiente, mucho después de mi hora límite, algo me pareció raro. La familiar luz del porche, que siempre permanecía encendida hasta que el último miembro de la familia estuviera a salvo dentro, estaba apagada. O hubo una emergencia familiar y se habían olvidado de mí, o no se habían olvidado de mí y yo era la emergencia familiar.

La luz del porche brillaba en contraste con muchas de nuestras maneras ahorrativas de la vida en la granja. Mi mamá lavaba y reutilizaba cada bolsa y contenedor de plástico que entraba a nuestra casa. Las ventanas se dejaban abiertas más de lo que se prendía el aire acondicionado y las luces a menudo se apagaban antes de que yo siquiera hubiera salido del cuarto.

Pero una luz con la que mis padres eran generosos era la del porche.

Sea que llegáramos tarde por un partido, por averías durante la cosecha o por un torneo de debate el fin de semana, esa luz siempre permanecía encendida. Incluso la mayoría de las veces cuando pasaba por alto mi hora límite todavía seguía misericordiosamente encendida afuera de nuestra casa de ladrillo en el campo.

Ahora es diferente llegar a «casa». Cuando vuelvo a la meca de cultivos de trigo donde me crié, me dirijo a la casa que mis padres compraron mucho después de que yo me fuera de la casa. Es una dirección en el pueblo que consultaba cada año para enviarles un paquete o una tarjeta. Pero todavía se sentía como mi hogar porque la luz del porche siempre permanecía encendida, sin importar la hora que llegáramos por aquel tranquilo camino pavimentado.

## PATERNIDAD FARO

Mi mamá y papá siempre han sido lo que el autor Kenneth Ginsburg llama «padres como faro». Fueron pilares en la comunidad unida donde crecí, y siempre han sido quienes supe que eran.

Según Ginsburg, la «paternidad faro» implica una presencia estable en la orilla contra la cual un hijo puede medirse. Tales padres miran hacia las olas y confían en que, con el tiempo, sus hijos aprenderán a navegar esas aguas turbulentas por sí mismos.

Un faro permanece en un solo lugar, es una luz guía que mantiene una comunicación constante con los barcos pasajeros. Desde una ubicación conocida, advierte sobre peligros y ofrece orientación informada.

Pero nunca persigue a los barcos.

Yo tuve que encontrarme con personas en lugares lejanos y hacer algunas paradas muy difíciles a lo largo de mi propio camino, que nunca formaron parte del itinerario que mis padres habían deseado para mí. Ahora puedo ver que, cada vez que me alejaba más y más de ellos, seguramente debieron morderse la lengua y vendar sus corazones para protegerlos de la pérdida. Pero mi mamá y papá nunca dejaron de ser mis padres, sin importar la distancia entre nosotros. Jamás me exigieron ni suplicaron que me mudara más cerca. Simplemente me daban consejos sabios. A veces los escuchaba. A veces no.

Ahora me estoy dando cuenta de que mis padres vivían en carne propia las palabras de Gracy Olmsted: «Este es el desafío de la paternidad: amar de manera desbordante, feroz y con determinación, y luego, por la gracia de Dios, dejar ir.»

## LA LUZ QUE NOS GUÍA A CASA

Esta analogía del faro es parecida a cómo Dios cría a Sus hijos con libre albedrío.

Y, aunque los faros eran prácticamente desconocidos en tiempos bíblicos, el Espíritu usó referencias similares al hablar de luces que guían. Dios guió a los israelitas a través de las noches en el desierto usando una columna de fuego. La iluminación de Su luz apareció en la consagración del templo de Salomón y en el arbusto del monte Sinaí. Una vez que Jesús, la Luz del Mundo, apareció en escena, la Estrella de Belén guió a la gente hacia Él.

La única manera en la que funciona cualquier tipo de faro es si sabemos que ahí está y que se puede confiar en él. Siempre funcionando. Siempre disponible.

Entonces, cuando nuestro mundo se oscurece, instintivamente buscamos su luz familiar.

Cada uno de nosotros estamos programados para volver a casa con Él.

Aun en las noches cuando yo no estaba en casa para ver la luz del porche de mis padres, siempre permanecía encendida. Es igual con la luz de Dios. Las veces que no volteamos hacia Él, Él sigue allí, llamándonos de regreso.

## LAS LUCES DEL PORCHE TAMBIÉN SIRVEN

Criada en Kansas, rodeada de tierra, no tuve mucha experiencia con los faros. Pero todos conocíamos las luces del porche.

Una luz encendida afuera de la casa de un vecino significaba...

*Eres bienvenido.*

*Estamos en casa.*

*Estamos despiertos si necesitan algo.*

En tu propia casa significaba...

*Te esperamos.*

*No estamos completos sin ti.*

*Perteneces aquí.*

La luz del porche era como el propio faro de la familia.

Me crie con esta generosa luz estable.

LORI ANN WOOD

## NECESITAMOS LA OSCURIDAD

Aun así, por alguna razón, esperaba un tipo de Padre diferente cuando recibí mi diagnóstico. Quería que Dios me dirigiera a mí y a los médicos como si fuéramos marionetas. De mi diario:

*Han pasado cuatro años desde que declararon que la función de mi corazón dañado era «casi normal». Ahora, después de varios bajones significativos, trato de entender qué debo aprender de todo esto. La verdad es que la gente no debe sobrevivir el tipo de insuficiencia cardíaca que tengo yo. Entonces, todo esto es tierra nueva para los médicos como lo es para mí. Se me ha oído gritar: «¡Dios, por favor, dime a mí o a los médicos qué hacer ahora!» Pero nadie tiene un mapa. Tengo una sensación distinta de que toda mi vida ha sido así y simplemente no me había dado cuenta.* Cuando era más joven, pensaba que Dios me dirigía hacia una historia de bendición, y luego, cuando empecé con la insuficiencia cardíaca, pensé que me dirigía hacia una historia de sanación divina. Quizás mi historia se ha tratado más bien de prepararme para una confianza desconocida. Tal vez sea así la historia de cada creyente.

Cuando una enfermedad perdura y los esposos se van; cuando los empleos desaparecen y los amigos se divorcian; cuando los hijos se rebelan y los malos hábitos dominan… nos parece mucho más fácil que Dios descienda en paracaídas desde un avión cercano para remendar todo, o al menos, para guiarnos por medio del altavoz ayudándonos a tomar todos los giros correctos para que todo vuelva al rumbo adecuado.

Seguramente Él tiene una perspectiva más clara.

Pero Dios Padre sabe (y mis padres lo sabían también) que la preparación es la mejor protección. De hecho, es la única protección. Todos necesitamos a Alguien a quien, desde una distancia nebulosa, podamos ver todavía. Pero la oscuridad tiene que venir o jamás conoceríamos la importancia de la fuente de luz.

En lugar de salvarnos de las tormentas, Él nos prepara para manejarlas. Sin enseñanzas turbulentas, tal vez nunca podría navegar las aguas agitadas que seguramente sigan justo fuera de mi vista en esta enfermedad persistente y en mi vida no trazada.

Y, quizás lo más importante, hay una luz que no podemos percibir hasta que estamos en la oscuridad. Nosotros hemos dejado la nuestra encendida muchas veces durante el día, así que hablo desde la experiencia: *No notamos la luz del porche en días soleados.* Tal vez por eso recién estoy entendiendo la política de crianza de mis padres basada en la luz del porche.

Estoy aprendiendo que la paternidad luz del porche es lo que Dios modeló a lo largo de la Biblia y mis padres modelaron a lo largo de mi vida: preparación y constancia al principio, y gracia al dejar ir.

## ENCENDIENDO DE NUEVO LA TRADICIÓN

Resulta que aquella noche que llegué tarde y la luz del porche estaba apagada, en realidad la bombilla se había fundido antes de que llegara a casa (¿recuerdas las bombillas incandescentes?), pero no lo descubrí hasta que fue hora de encenderla de nuevo para mi papá o uno de mis hermanos más tarde esa semana. Cambiamos la bombilla de inmediato y la tradición de la luz del porche continuó.

Al crecer no lo apreciaba, pero sin importar cualquier ofensa o dificultad entre nosotros, la luz del porche era algo constante. Como si estuvieran constantemente extendiendo gracia hacia sus hijos, mis padres eran para mí padres del «otra vez». Como dijo Beth Moore acerca del Padre supremo: «Nuestro Dios es el Dios del "otra vez"».

Como la primavera siempre se despierta después de un largo invierno.

Dios ha estado allí para nosotros una y otra vez, y nos ha perdonado una y otra vez por no estar nosotros. Al igual, cada noche cuando un miembro de nuestra familia estaba afuera de la casa en un mundo peligroso (incluso mucho más tarde de lo debido), la luz del porche se encendía de nuevo.

Quizás voy a revivir la tradición de la luz del porche en mi propia familia. Ahora tengo un nuevo aprecio, como madre de hijos dispersos y como hija errante de un Dios constante. Como madre helicóptero reformada, siento que he completado el círculo y he regresado a la luz del porche. Pero esta vez soy diferente. Como dice Terry Pratchett: «Volver a donde comenzaste no es lo mismo que nunca haber salido».

Tanto mi mamá como mi papá fallecieron recientemente. Nunca más escribiré una tarjeta para el Día de la Madre ni para el Día del Padre. Pero lo que es aún peor, ahora, cuando visitamos, la luz del porche está apagada porque estamos llegando a una casa vacía para prepararla para la venta.

Tengo un presentimiento de que pasaré el resto de mi vida extrañando aquel gesto extravagante.

Pero mientras estemos allí durante el fin de semana, en honor a todos los hijos que aún están en su camino, yo misma encenderé esa luz del porche.

DÍA 37

# Conquistando las escaleras

Me aterrorizaban aquellas escaleras. Cuando estaba en el jardín de niños, mi familia se mudó a nuestro sótano sin terminar mientras se construía otro piso en nuestra casa de una planta y dos recámaras. Mi mamá cuidó a tres niños y a un bebé en ese espacio incómodo y húmedo por más de un año. Improvisamos una cocina y pusimos camas para una familia de seis en el mismo cuarto. Apenas había suficiente espacio para movernos.

Recuerdo la angustia que mis padres expresaban sobre los retrasos causados por el clima y los contratiempos de la construcción.

Recuerdo la rima que mi hermano y hermana inventaron acerca del constructor ausente.

Recuerdo la nevada histórica que se acumuló más allá del tendedero en esa temprana primavera.

Pero, sobre todo, recuerdo las escaleras.

Unas escaleras provisionales para el tercer piso se colocaron al principio del proyecto. El enorme hueco entre los escalones dejaba al descubierto la escalera del sótano justo debajo y, para una niña de cinco años, sería una gran caída hasta el suelo. A mis hermanos les encantaba ir al «nuevo piso de arriba» después de que los trabajadores se fueran por el día. Pero mi temor me mantenía prisionera.

Me negaba a subir, quedándome en la seguridad del sótano-capullo durante semanas.

Posdiagnóstico, las escaleras han provocado de nuevo una pausa en mi confianza. Una de las consecuencias más desafiantes de la insuficiencia cardíaca es la dificultad para respirar, y las pendientes son mi peor enemigo. Pero estoy descubriendo que la raíz del problema realmente podría ser de índole espiritual.

A menudo, la única manera de llegar a lo que sigue para nosotros es cuesta arriba. Fue un territorio aterrador y extraño para esa niña del jardín de niños. Y no soy tan diferente hoy en día: temo lo que queda por delante.

## EL TEMOR ES NATURAL, PERO DEBE SER BREVE

Últimamente, me encuentro repitiendo la frase popular: *El temor es mentiroso*. Dios no nos dio espíritu de temor. Pero sí nos dio la emoción llamada temor. Y luego lo integró en nosotros para nuestra supervivencia.

El temor nos motiva a actuar cuando el peligro es inminente: luchar, huir o paralizarnos. Pero en esta era de la información, tememos algo aún más allá del peligro inmediato. Tememos algo que puede durar toda nuestra vida y evitar que desarrollemos plenamente nuestra fe.

Tememos a lo desconocido.

## TEMOR DE LO DESCONOCIDO

Con la transmisión de televisión en línea, mi esposo y yo rara vez vemos a nuestra alma mater universitaria jugar en tiempo real. Esperamos y lo vemos juntos sin las pausas comerciales de la cadena de televisión. Para ser honesta, normalmente reviso en internet para ver quién ganó para saber cómo acaba el partido de antemano. Para mí, eso realmente no estropea la experiencia. Me ayuda a prepararme. (Así lo dicen todos los obsesionados con el control.)

## DESVIACIÓN DIVINA

Por eso, ahora en mi vida, tengo el deseo de adelantar todos los anuncios para llegar al final, para ver cómo se desarrolla un evento y saber cómo experimentarlo. Pero no lo puedo hacer.

De mi diario:

*Estando en el grupo con mayor comorbilidad de enfermedades cardíacas, quiero saber que esta pandemia terminará bien para mí y para los que amo. Quiero saber dónde va a estar mi hija el próximo año para sus estudios de posgrado. Quiero saber con quiénes se van a casar mis hijos algún día, dónde vivirán y trabajarán, cómo se desarrollarán sus vidas. Quiero saber qué tan efectivos serán los tratamientos de quimioterapia de mi papá.*

Pero nada de esto me corresponde saber ni cargar. Porque a veces lo que está en la cima de esas escaleras no es exactamente lo que hemos estado pidiendo en nuestras oraciones.

La mayoría de lo que tem4mos nunca sucede. Pero todos sabemos que parte de ello sí ocurre.

Job descubrió lo siguiente: «Lo que más temía me sobrevino; lo que más me asustaba me sucedió» (Job 3:25 NVI).

Dios nos dijo que, en realidad, deberíamos esperar que sucedan las cosas malas de vez en cuando. Frederick Buechner lo expresó de esta manera: «He aquí el mundo. Hermosas y terribles cosas sucederán. No temas».

Por lo tanto, luchamos por vivir en él, especialmente cuando la pendiente es difícil.

Esto no pasa desapercibido para nuestro buen Dios.

### EL AMOR PERFECTO ECHA FUERA EL TEMOR

El Espíritu instó varias veces después de la desconcertante resurrección: *No temas*. Según algunas fuentes, se dice que esta frase aparece hasta 365 veces a lo largo de la Biblia.

Nunca he sabido exactamente cómo hacerle para «no temer». Pero estoy empezando a comprender que, más allá de nuestro instinto inmediato, el temor solo tiene el poder que nosotros le damos.

Y podemos elegir enfocar nuestro poder en otro lugar. En cambio, podemos invertir nuestra energía en el amor.

Probablemente Juan fue el último apóstol sobreviviente cuando escribió estas palabras: «El amor perfecto echa fuera el temor» (1 Juan 4:18b NVI). Sin duda, él había visto algunas de sus peores pesadillas hechas realidad en las horribles crucifixiones y torturas de sus compañeros apóstoles y queridos amigos. Sin embargo, Juan hablaba de un tipo de amor perfecto como el antídoto.

Y Jesús nos dio la manera de demostrar ese amor que echa fuera el temor: un amor por Dios y un amor por los demás.

## ENFÓCATE EN DIOS

Demasiadas veces nos enfocamos en lo que podría suceder, en los escenarios del peor de los casos, en lugar de caminar con la cabeza en alto y el corazón enfocado en Él. Para amar a Dios, para conectar con Su gloria que combate el temor, debemos mantenerlo en nuestra línea de visión.

Otro apóstol, Pedro conquistó el temor —y el caminar sobre el agua— mientras mantenía sus ojos fijos en Jesús. Se metió en problemas cuando perdió de vista la mano de Jesús. Al enfocarse en los huecos entre los escalones o en las aguas turbulentas debajo de él, el temor hundió a Pedro cuando dejó de confiar en que Dios lo sostendría.

Lo que sea que enfrentemos, podemos entregarle con confianza los desafíos aterradores a nuestro Dios omnisciente. Jamás nos encontraremos en un lugar donde no ha estado Dios, en una situación que no conoce o en una circunstancia que no controla.

Nuestro Dios primero camina sobre las aguas turbulentas que Él nos pide navegar.

Siempre se sienta en la cima de las escaleras que quiere que subamos.

Así que, después de experimentar nuestro momento de luchar, huir o paralizarnos, debemos detenernos, respirar profundo y recordar a nuestra alma quién es este Dios.

Y después de eso, estaremos preparados de forma especial para ser Jesús para otras personas que se encuentran en las mismas escaleras. Es la obra del Reino que debemos hacer, aun cuando —y tal vez especialmente cuando— también tenemos temor en el camino hacia lo nuevo.

## EL CUIDADO DE LOS DEMÁS

Un viernes en la tarde, mi hermana trazó un plan de cubrir las escaleras con toallas, para que no pudiera ver a través de ellas. Mientras me animaba hacia el nuevo piso de arriba, me confesó: «Yo también tenía miedo la primera vez». Funcionó, y ese día, por primera vez en meses, vi mi nueva habitación.

Mientras estamos en esas escaleras, necesitamos ayudar a los demás. Especialmente a los más vulnerables. Puede que hayamos nacido para un momento como este. Es en momentos como estos para lo que la fe fue diseñada: para dar un paso firme hacia adelante y aprovechar esta oportunidad única de servir e inspirar. Para amar a nuestros vecinos en riesgo como amamos a nosotros mismos, aun si estamos sanos y nuestra vida sigue su curso sin problemas. Para compadecernos de los temores únicos de los demás. Para encontrar maneras creativas de ayudar a los que están luchando a nuestro lado en las escaleras, tal como mi hermana lo hizo por mí.

Después de aquella primera vez, no tuvimos que volver a usar las toallas. Subí al nuevo piso de arriba de manera ligera y tranquila un sinfín de veces durante los meses siguientes.

No porque algo hubiera cambiado durante las semanas de la histórica tormenta de nieve.

No porque el peligro se convirtiera en algo conocido.

Sino porque dejé de enfocarme en lo que *pudiera* suceder.

Porque recibí ayuda vital a lo largo del camino.

DAY 38

# Cuando se cierran las puertas

Ciertamente, fue una excursión ambiciosa de mi *bucket list* (mi lista de cosas que hacer antes de morir).
A dos años de mi enfermedad crónica y progresiva, hicimos un viaje relámpago al extranjero. Nunca había salido del hemisferio occidental. Así que, a pesar de mi capacidad limitada y la fatiga que había cambiado mi vida, decidimos que finalmente me encontraba lo suficientemente bien como para asumir el desafío.

Uno de los lugares a los que llegamos fue Roma, y específicamente, al Vaticano.

Nos maravillamos ante la grandeza de la Capilla Sixtina, la Sala de Rafael y los museos del Vaticano. En un punto dentro de la Basílica de San Pedro, decidimos separarnos. Mi esposo e hija querían subir los 491 escalones hasta la cima de la cúpula y, sabiendo que yo no podría hacerlo, acordamos una hora y un lugar para reencontrarnos.

Después de admirar la obra artística y arquitectura, doblé una esquina. Al haber entrado muy temprano en la mañana, me sorprendí de ver cómo se había llenado el lugar. Me uní a una fila abarrotada que caminaba en una sola dirección, con la esperanza de encontrar el lugar de encuentro que habíamos acordado. Antes de darme cuenta de lo que sucedía, me encontré fuera del edificio, en el patio de la Piazza, junto con lo que parecían ser cientos de miles de personas.

Inmediatamente supe que tenía que encontrar una forma de entrar para reunirme con mi familia. Pero no había forma de regresar. Mi esposo no tenía servicio internacional en su celular; solo yo lo tenía. ¿Cómo me iban a encontrar? *Van a pensar que algo horrible me sucedió o que tuve una emergencia médica al no llegar al lugar designado a la hora establecida.*

Le envié un mensaje de texto a mi esposo, segura de que jamás lo recibiría al otro lado de esa enorme puerta cerrada.

## LAS PUERTAS SE CIERRAN DE MUCHAS MANERAS

Algunas puertas se cierran suavemente, casi desapercibidas: el trabajo pasa discretamente a otra persona; la rutina nos arrastra dejando atrás la juventud necesaria para perseguir nuestros sueños.

Otras se cierran de golpe:

*El edificio se derrumbó.*

*El respirador se apagó.*

*La rampa del camión de mudanza se deslizó hacia adentro.*

*El terreno se vendió.*

*Tu ex se volvió a casar.*

*Sufriste una inesperada histerectomía.*

*Ocurrió una amputación inconcebible.*

Todos hemos sabido de puertas que, en esta vida, no se pueden volver a abrir, como las tapas de los ataúdes y los expedientes de casos cerrados. Podemos forcejear, golpear o suplicar, pero el cerrojo gira con un sonido que revuelca el estómago de angustia.

Ya sea que nuestros planes se desvanezcan o se arrebaten en un instante, siempre hay un sonido al que no nos acostumbramos, inaudible pero poderoso: el estruendo de una puerta cerrándose. A menudo viene tras horas, e incluso años, de trabajo, oración y esperanza.

Y después, tanto del golpe seco como del cierre suave, casi sin excepción, hay un sonido aún más devastador: el silencio de Dios.

DESVIACIÓN DIVINA

## CUANDO DIOS DICE NO

Después de mil intentos de convencer a los guardias de dejarme entrar de nuevo, simplemente me dejaron de hablar. Ni siquiera lágrimas, súplicas, ni explicaciones podían conmover a los de la seguridad del Vaticano. En silencio, me señalaron la fila de entrada, que para entonces ya tenía al menos cuatro horas de espera. Entré en pánico junto a una de las enormes puertas mientras las únicas personas que conocía en este continente se encontraban al otro lado. Sin manera de contactarlos, hice lo que haría cualquier persona razonable: les envíe veintisiete mensajes de texto más, uno tras otro. Y, sin respuesta, me senté sola bajo el sol abrasante en la Plaza de San Pedro y lloré.

Cuando se cierran las puertas, no solo nuestro amoroso Dios parece mudo, sino que también nos sentimos exiliados, separados de lo familiar. Tal como se sintieron los israelitas durante cuarenta años en el desierto, nos sentimos alejados de nuestra zona de confort o separados de nuestros sueños.

Y en especial, nos sentimos aislados cuando la puerta que tanto quisiste que se abriera para ti, se abre para alguien más. *¿Por qué Dios me dijo que no?*

Cuando vives una vida que no quisiste, no es fácil aceptar el misterio de la providencia de Dios. Queremos cuestionar Su plan y Su poder, e incluso Su presencia.

En el umbral de las puertas cerradas de la vida es dónde se prueba la fe.

## SIN EXPLICACIÓN

Con mi insuficiencia cardíaca sin resolver, me he sentido como si estuviera del otro lado de una puerta cerrada con llave. Repetidas veces le he pedido a Dios que me sane y me muestre Su poder, después de todos los que han clamado al cielo en mi favor. ¡Él recibiría tanta gloria!

Es como razonar con los de la seguridad vaticana…

*Parecía una solución fácil y rápida.*

*Yo podía ver un camino claro.*
*Yo podía razonarlo.*
*Mis motivos eran admirables y desinteresados.*
*Lo que quería era bueno.*
*Nadie más saldría perjudicado.*
*El Dador habría parecido misericordioso al permitirlo.*
Ninguna cantidad de súplica ni persuasión cambió nada.
El gesto mudo de negación dijo que no. No puedes volver.

En el lado solitario de una puerta inamovible, he aprendido algo del silencio de Dios. Como seres humanos, no estamos listos para comprender las puertas cerradas. Como dice John Piper: «Solo al pasar por la puerta abierta y mirar atrás podemos darnos cuenta de la necesidad de que todas las demás puertas se cerraran». Para algunos de nosotros y para algunas puertas, esta mirada atrás no ocurrirá en este lado de la eternidad.

A lo largo de nuestra vida, Dios raramente, o casi nunca, explica una puerta intransitable.

## LAS PUERTAS SIEMPRE SE CIERRAN POR ALGUNA RAZÓN

Las páginas de la Biblia no carecen de puertas cerradas que parecían tan inexplicables y permanentes cuando se cerraron por primera vez.

Las puertas del Paraíso se aseguraron.
Las mandíbulas de la ballena se clausuraron.
La puerta del horno de fuego se atrancó
La tumba de Lázaro quedó sellada.
El foso de leones se bloqueó.
La piedra de la tumba del Salvador se colocó.

En este lado de la historia, estas puertas cerradas revelan propósitos de protección, de redirección o incluso de afecto. Los portones cerrados en la Biblia profundizaron la conexión del hombre con Dios. Ahora es más fácil ver que ciertas puertas debían permanecer cerradas para cumplir Su plan.

DESVIACIÓN DIVINA

Y para prepararnos para ello.

Nuestro buen Dios es famoso por preparar a Sus hijos para la tarea que viene mientras esperamos detrás de puertas cerradas... o caminamos a regañadientes por otras.

## LIMITADO POR AMOR

A veces Dios cierra una puerta para intervenir con misericordia y limitar nuestras opciones.

Uno de mis mayores impedimentos siempre ha sido tener demasiadas opciones. Desde la caja de 120 crayones *Crayola* hasta la enorme variedad de carreras universitarias y programas de Netflix, puedo quedarme paralizada ante tantas posibilidades. A veces, cuando no se cierran las puertas, nos enfrentamos a demasiadas incógnitas, opciones y distracciones.

Una puerta cerrada puede ayudarnos a enfocarnos.

Un compañero paciente de insuficiencia cardíaca me compartió estas sabias palabras y creo que se aplican a las puertas cerradas: «No todas las tormentas vienen a destruir tu vida; algunas vienen para despejar el camino». —Anónimo

Sospecho que normalmente la puerta cerrada despeja el camino para que hagamos algo más importante, o para que comience a desarrollarse un plan mayor. *Camina por el pasillo. Hay una mejor puerta más adelante.* Sin el beneficio de una explicación completa, debemos seguir adelante hasta llegar a la puerta perfecta, pasando por alto todas las puertas cerradas que no son tan perfectas.

Las puertas cerradas realmente pueden ser más gentiles que las abiertas.

## NUEVAS OPORTUNIDADES

Thomas Carlisle, un ensayista del siglo diecinueve, escribió: «Cuando se tala el roble, todo el bosque resuena con su caída, pero cien bellotas son sembradas en silencio por una brisa inadvertida».

He sentido como se siembran aquellas indeseables bellotas después de que se atrancaron las puertas y los planes se vinieron abajo.

De mi diario:

*Ahora puedo apreciar cuánto de la vida gira en torno a incontrolables resultados. Sé que no estoy sola: el cáncer, la esclerosis múltiple, el Alzheimer, todos progresan a brincos en cuanto se abren los resultados de los exámenes.*

*«Está sin cambios,» nos dijo la doctora. Buenas noticias. Aun así, estaba triste. Esa pequeña parte de mi optimista papá, sembrada profundamente dentro de mí, esperaba un cambio favorable, aunque mi cardiólogo me advirtió hace años que la puerta a la mejoría permanecería cerrada.*

*Cuando la doctora cerró la puerta y se fue, mi esposo y yo nos miramos y ambos lo supimos. La buena noticia es que ella ya no está buscando medidas para salvarme la vida. La mala noticia es que, precisamente, ya no está buscando medidas para salvarme la vida. He pasado de la sala de examen de emergencia a la sala de espera crónica. Sin más tratamientos de vanguardia en el horizonte, me queda enfrentar la situación lo mejor que pueda, por el tiempo que pueda. En medio de los miles de pacientes y profesionales médicos en la Cleveland Clinic ese día, me pareció un lugar muy solitario.*

## NUNCA ESTAMOS REALMENTE SOLOS

Después de que esa puerta del Vaticano no se abrió de nuevo, algo más sí lo hizo. Hasta ese momento, no había estado verdaderamente sola en mi nuevo diagnóstico. Sin una manera de contactar a mi esposo o mis seres queridos, estaba aterrorizada de no poder sobrevivir en ese espacio, pero lo logré. Y después de eso, pude tomar pasos más grandes hacia la independencia, a pesar de seguir teniendo insuficiencia cardíaca grave.

Casi una hora después de mi serie de frenéticos mensajes de texto, mi esposo respondió. Saldrían de inmediato. Se habían divertido mucho. Ni siquiera se habían dado cuenta de que estaba fuera sin

## DESVIACIÓN DIVINA

poder volver a entrar.

Así es con Dios y las puertas cerradas: mi esposo recibió mis mensajes y respondió en el debido tiempo, pero desde mi perspectiva al otro lado de la puerta sellada, la situación se veía bastante funesta. Y aquella enorme puerta nunca se me abrió como pensaba que debería.

Hace años, una puerta muy diferente se me cerró: la puerta a la buena salud. No se volverá a abrir. A su vez, otra entrada se desbloqueó. Con la insuficiencia cardíaca, hay muchas cosas que ya no puedo hacer, como estar de pie y dar clases universitarias durante varias horas. Pero descubrí que puedo sentarme en un escritorio y escribir en la computadora casi todo el día. Así que, finalmente, empecé a escribir, un lujo que no me permití hacer durante mi vida más saludable.

Y eso es exactamente lo que provee nuestro Gran Organizador: una puerta más. Incluso cuando aún no logramos distinguirla en nuestro oscuro pasillo. Aun cuando sí la vemos y sigue cerrada, se abrirá, precisamente en el momento perfecto. Él no nos ha abandonado.

Para ser honesta, la mayoría de las puertas cerradas en mi vida siguen siendo un misterio. Y tengo la plena expectativa de que seguirán siéndolo.

Sin embargo, me reconforta saber que Él promete que algún día las puertas cerradas no existirán (Apocalipsis 3:8) al abrir ampliamente Jesús el portón de la eternidad diciendo: «Entra en el gozo de tu señor» (Mateo 25:21b LBLA).

No sé si esto puede contarse dentro de los puntos de mi *bucket list*, pero de seguro lo estoy esperando con ansias.

DÍA 39

# Una Extensión Desesperada

En la granja de mi infancia, vimos nacer muchas camadas de gatitos. A menudo, de manera involuntaria. (Para ser justos, necesitábamos cazadores de ratones en el granero y el sótano, y la advertencia de Bob Barker —un conocido presentador de concursos en la televisión en Estados Unidos que siempre recordaba la importancia de esterilizar a las mascotas— aún estaba a varios años de distancia). Teníamos tantos gatos que dejamos de ponerles nombres y dejamos de extrañarlos cuando dejaban de aparecer en la puerta trasera.

Pero los cachorros eran otra historia. No estoy segura de si nuestros perros eran esterilizados de manera rutinaria y discreta o si simplemente no eran tan prolíficos, pero una camada de perritos siempre era un acontecimiento memorable.

Tengo el claro recuerdo de subir secretamente a unas enormes pacas redondas cerca de nuestra casa en la granja, después de oír por casualidad que la mamá perrita había escondido a sus crías en algún lugar cercano. Recuerdo saltar por las filas ordenadas, buscando y luego agachándome entre los ásperos rollos de heno al percibir los aullidos de los cachorros recién nacidos, un revoltijo de emoción y energía. Después de media hora de diversión llena de lametones en la cara, empecé a arrepentirme de mi travesura. Quería salir de ese ambiente claustrofóbico, pero pronto me di cuenta de que no podía hacerlo sola. Entrar hasta donde estaban los cachorros fue una cosa, pero lograr salir fue otra muy distinta.

Así que comencé a gritar. No sé cómo, pero mi papá me oyó y no pasó mucho tiempo antes de que la punta de sus reconocidas botas apareciera sobre mi cabeza. Cuando extendió su mano desgastada y fuerte, yo la tomé y supe al instante que todo estaría bien.

## NUESTRA MAYOR ESPERANZA

Extenderse es algo con lo que me he familiarizado a lo largo de mi vida. Es admitir que necesitamos más de lo que nuestros brazos puedan alcanzar: más recursos, más reservas y más resiliencia.

Aquella niña amante de los cachorros luego tendría que extenderse más allá de su capacidad nuevamente para buscar a Dios desesperadamente en medio de un diagnóstico grave.

De mi diario:

*Todavía extiendo mi mano hacia mi esposo varias veces cada noche, solo para saber que ahí está. Los pesados medicamentos para el corazón tienen un efecto cruel doble: traen una fatiga increíble y también la incapacidad de dormir profundamente. Después de casi seis años, aún me despierto una y otra vez, sorprendida de ser la dueña de este corazón dañado. No obtuve la recuperación completa y duradera que quería. Sabía desde el principio que era una meta ambiciosa, quizás una que ninguno de nosotros podría alcanzar en realidad, una que ninguno de nosotros tendría derecho a esperar. Sin embargo, por alguna razón, aún la espero.*

Extenderse hacia Él significa que no podemos hacerlo por nuestra cuenta.

Extenderse hacia Él es el acto mismo de creer.

Los evangelios nos cuentan de alguien que también, desesperadamente, se extendió hacia Él, en tres cortos versículos en el libro de Mateo.

«En esto, una mujer que hacía doce años padecía de hemorragias se le acercó por detrás y tocó el borde de su manto. Pensaba: "Si al menos logro tocar su manto, quedaré sana". Jesús se dio vuelta, la vio y dijo:

—¡Ánimo, hija! Tu fe te ha sanado.

## DESVIACIÓN DIVINA

Y la mujer quedó sana en aquel momento» (Mateo 9:20-22 NVI). Esta mujer, con un trastorno hemorrágico crónico que desconcertaba a los médicos y agotó sus recursos, agarró el borde de la túnica de Jesús en medio de una aplastante multitud. Su enfermedad debería haberle prohibido estar en un lugar como ese. Sin embargo, se abrió paso entre la multitud para acercarse a Jesús. Cada persona que la tocaba podría haberse vuelto inmunda también, incluyéndolo a Él. Ella corrió un enorme riesgo al entrar en ese escenario. Pero, después de doce años de sufrimiento, deseaba desesperadamente un milagro. Al acercarse lo suficiente como para ver a Jesús, extendió todo su ser herido hacia Él.

Como una persona que se está ahogando, extendiendo la mano entre las olas; o como una pequeña niña tragada por el heno, extendiendo la mano hacia afuera, ella se extendió hacia una cuerda salvavidas al tocar el borde del atuendo de su Padre.

Este breve relato es uno de los tesoros escondidos del evangelio. Pero hay otras historias similares de personas que cruzan los límites, y que, como los que se extienden hacia Él, harán lo que fuera por llegar a Jesús. Rompen cualquier barrera para estar cerca de Él.

Jairo, un líder judío, se arriesga a la humillación con la esperanza de sanar a su hija.

Amigos fieles abren el techo de un vecino y luego bajan a un hombre paralítico ante el Sanador.

El ciego Bartimeo grita a voz en cuello pidiendo el toque de Jesús mientras la multitud intenta callarlo.

Una mujer no invitada, con un frasco de perfume precioso, interrumpe en una casa sólo para derramar sus ahorros de toda la vida sobre la cabeza del Salvador.

El rol de cada una de estas personas desesperadas fue pequeño pero arriesgado: una extensión, una súplica, una entrada, un derramamiento.

Con la esperanza de que no me regañaran por visitar a los cachorros sin permiso, decidí arriesgarme también. Y puede que mi papá jamás me hubiera encontrado entre las pacas sin mi valiente grito.

Cada vez que nos encontrado en un abismo infranqueable, una

atrevida extensión hacia nuestro Padre es nuestra mayor esperanza.

## EXTENDIÉNDOSE HACIA UN FINAL MEJOR

Todos hemos sido como la mujer con el flujo de sangre, alguien marginado que se atrevió a extenderse hacia un Hombre ocupado, con la profunda convicción de que Él podría ayudar, y con una chispa de esperanza de que lo haría.

La fe crece cuando tomamos un paso adelante en la oscuridad o cuando nos extendemos hacia Él en temor o, incluso, en duda, cuando no tenemos otra opción.

A veces esta fe desesperada es el tipo más fuerte y puro.

Al limpiar el armario de mi papá después de su fallecimiento, encontré una herramienta para agarrar cosas que había visto anunciada en la televisión. No sabía que lo había comprado, y me hizo sonreír. Me pareció tan apropiado. Lo observé extenderse hacia Dios durante los últimos años de su vida, porque yo me estaba extendiendo con él. Es nuestro instinto hacer esto cuando nos encontramos en problemas.

*Si tan solo pudiera tocarlo.*

«Es incómodo, incluso insoportable, anhelar algo que está justo fuera de alcance, rozar con un dedo de pie, pero nunca lograr aferrarse a aquello que esperas y crees que hará que todo esté bien.» —Teri Ott

Pero la verdadera esperanza nunca fue destinada a ser fácil ni cómoda. Y el Espíritu quería que supiéramos que estar en una posición para extendernos es cómo llegamos a la esperanza en primer lugar. «Y no solo esto, sino que también nos gloriamos en las tribulaciones, sabiendo que la tribulación produce paciencia; y la paciencia, carácter probado; y el carácter probado, esperanza» (Romanos 5:3-4 LBLA).

He agarrado algo de esta esperanza difícilmente ganada al extender mis brazos sufrientes hacia Él y hacia una mejor mañana.

«La esperanza no es lo que pensaba que era: una historia sobre nosotros. En cambio, es una historia sobre Dios que se ha anclado en el futuro. Dios nos está atrayendo hacia ella, y eso se siente como un

algún día en el que ya no habrá más lágrimas.» —Kate Bowler
La misma esencia de la esperanza es extenderse más allá de lo que es, hacia lo que pueda ser.

La esperanza realiza el duro trabajo de querer nietos, un legado, una larga vida, cuando todo se ve incierto. Cuando nos extendemos hacia Él, esperamos conseguir una conclusión diferente para nuestra circunstancia.

Para todos nosotros los que (con la esperanza de sanar o de recibir una segunda oportunidad) hemos tocado el borde del sistema médico, legal o educativo:
Estamos buscando un final mejor para nuestra historia.

## LO QUE AGARRAMOS

Muchas veces, la palabra que se usa para *sanación* en el Nuevo Testamento significa algo más cercano a «ser hecho completo» o incluso, «perdonado». Parece que la plenitud espiritual, más que el alivio físico, debería ser nuestra mayor esperanza al extendernos hacia Dios. Y parece que siempre se trata más de Su constante compañía que de nuestra condición actual.

«En medio de las cosas que aparentemente no salen bien *para* nosotros, Dios está obrando algo *en* nosotros.» —Ann Voskamp

La dura verdad es que puede que nos extendamos y no logremos conseguir lo que quisimos o pedimos. No siempre obtenemos un final mejor para el capítulo terrenal de nuestra historia. Pero siempre obtenemos una visión más clara de nuestro Dios. Como la mujer con flujo de sangre en la Biblia, una extensión primero logra tocar el borde de Su manto, pero al final, voltea nuestro corazón hacia Él.

En mis mejores días, yo también soy una que se extiende.

Y poco a poco, con cada intento de alcanzar, empiezo a ver a este Dios hacia quien mis oraciones constantemente se extienden. Así que tal vez la desesperada extensión siempre se ha tratado menos de sacarme a mí y más de acercarlo a Él.

Cuando mi papá apareció en la cima de aquellas pacas de heno, me sentí aliviada al verlo. Cuando extendió su mano hacia mí para sacarme, se resbaló con sus viejas botas de granja, y terminó cayendo también junto a los cachorros revoltosos.

Cuando mi papá levantó a un perrito y lo metió en su bolsillo, supe que estaba viviendo un final mejor para mi historia.

De repente, al igual que con mi insuficiencia cardíaca, ya no me importaba tanto salir.

Estaba contenta porque mi Padre estaba allí, conmigo.

DÍA 40

# Un encargo: seguir cuestionando

Hoy, el día final de esta travesía, ahora empieza a entrecruzarse con la tuya. Me propuse escribir esta historia no porque sea increíblemente rara, sino porque es terriblemente común. La escribí para cada creyente herido, temeroso o incluso avergonzado de cuestionar en este camino que no eligió.

Nunca fue mi objetivo que te conformaras con simplemente leer mi historia. Mi propósito es impactarte y darte fuerza para que vivas una mejor versión de tu propia historia.

Así que, donde termina este libro, comienza tu historia revisada. Puedo asegurarte de que tu trama, al igual que la mía, incluirá más desvíos. Pero en esos lugares desiertos, algo asombroso puede ocurrir: Un nuevo capítulo se escribe donde las dudas edifican tu fe en lugar de destruirla, donde Dios no teme tus dudas, y donde esperas plenamente confrontar la incertidumbre de la preocupación, duda y control.

Aun al aceptar las dudas, los desiertos pueden ser lugares duros e implacables. Todos sabemos que a veces las desviaciones por el desierto pueden durar más de lo que quisiéramos. Hace varios años, pensé que estaba a punto de que se me devolviera mi vida. Pensé que mi vieja vida normal había vuelto para siempre. Pensé que había sido sanada de la insuficiencia cardíaca. De mi diario:

*Recibimos una asombrosa noticia en la Cleveland Clinic: El corazón que los médicos habían dicho que no se podía sanar, de alguna forma mejoró. La depresión de la que me habían advertido nunca llegó. Los medicamentos que según iban a hacer caer mi presión arterial, nunca lo hicieron. La prueba que debería haber robado mi fe, solo la fortaleció.*

Estaba segura de que ya era el fin de mi desviación y mis dudas. Pero dos años después, cuando me encontraba con la insuficiencia cardíaca de nuevo, sentí la sensación familiar de estar atrapada en algo demasiado grande para comprender.

Las cuestiones de preocupación, duda y control volvieron. Pero ya no me eran extrañas y les di la bienvenida. Luchamos de nuevo, ellas y yo, y crecí más fuerte en mi fe. Lo mismo te sucederá a ti. Aunque esta no ha sido tu historia, en muchas maneras sí lo es. Es la historia de todo creyente que avanza a paso pesado por este mundo roto hacia uno mejor.

Lo hermoso es que jamás estamos solos en la desviación. Jesús pagó el precio por nosotros y lo vivió por nosotros. Describiendo el tiempo que Jesús pasó en el desierto, tanto Mateo 4:11 como Marcos 1:13 nos aseguran que los ángeles le servían. El Espíritu también nos acompaña, para guiarnos a toda la verdad (Juan 16:13).

Pero Lucas 4:13 nos advierte que el Enemigo regresará también en nuestros momentos más bajos y vulnerables. Las desviaciones por el desierto seguirán llegando; las preguntas difíciles volverán a surgir. Y mientras Satanás quiera usar estas preguntas y dudas para separarnos de Dios, el Espíritu piensa usarlas para acercarnos a Él. Así como el tiempo doloroso de Jesús en el desierto dio inicio al ministerio que definiría la historia, los días en el desierto pueden refrescar tu fe y revitalizar tu historia.

Para aceptar con brazos abiertos un nuevo capítulo no planeado, debemos conocer y confiar en el Autor.

Jesús fue capaz de enfrentar sus luchas humanas en el desierto porque conocía las historias de Dios y conocía las palabras de Dios. Él respondió a cada uno de los susurros del Enemigo con «escrito está». Jesús se apoyó en las promesas que conocía del Dios que guió a sus amados hijos a través de otro desierto con Moisés.

## DESVIACIÓN DIVINA

Ahora Jesús nos invita a todos a la misma intimidad de conocimiento en nuestro propio desierto. Aún así, Jesús entiende que por profundo que sea nuestro conocimiento, la incertidumbre permanecerá. Tal es la naturaleza de la auténtica fe.

Somos un pueblo con preguntas y dudas. Según el *Pew Research Center* y el *Barna Group*, en la población adulta que profesa la fe cristiana en los Estados Unidos, casi dos tercios cuestionan a Dios o su fe en algún momento de su camino. Y en lo más profundo de estas preguntas es donde la fe se fortalece. Francis Bacon, en *El avance del saber*, dijo: «...el que empieza con certezas, acabará en dudas; pero el que se aviene a empezar con dudas acabará en certezas».

Las dudas que ha explorado en este libro son las tres que cada vida tiene que confrontar. Son tres preguntas o dudas que cada vida *va* a confrontar, de una forma u otra. Esto ocurre cuando la humanidad se encuentra con la divinidad, como cuando la naturaleza humana de Jesús implora a Dios en el desierto. En la capacidad limitada que tenemos para comprender, cuestionamos. Y a nuestro Dios omnisciente no le molestan nuestras dudas; Él nos anima a externarlas. Nos pide entregárselas para que las pueda responder. Como dijo Timothy Adkins-Jones: «Servimos a un Dios que se niega a permitir que se finalice la conversación».

Nuestro trabajo es no dejar de cuestionar, de hacer las preguntas difíciles, de enfrentar las luchas de fe y de encomendar las desviaciones a un Dios que lo puede todo.

El Dios que nos da una perspectiva eterna para superar nuestras preocupaciones.

El Dios que nos ha comprobado ya que Él es el Dios de amor y confianza sin límite

El Dios cuya perspectiva y plan a largo plazo superan con creces los nuestros.

Espera las desviaciones. Y aún más importante, sigue cuestionando. Esas dudas y preguntas mantienen viva tu fe.

# Agradecimientos

Este libro comenzó como un renuente diario hospitalario, impulsado por mi esposo en mis horas más tempranas y difíciles. Creció para incluir historias de mi pasado, historias que llegué a comprender que, de formas que solo Dios podría diseñar, forman parte del pasado de todos. La suma de estas historias, y las preguntas que abordaban, se convirtieron en algo mucho más grande y trascendental de lo que podría haber imaginado aquel primer día oscuro en cuidados intensivos.

Al completar el proyecto, tengo más emociones que espacio.

**Estoy profundamente conmovida** ante aquellos que han vertido su apoyo temprano en mí de manera desinteresada y extravagante. Aunque no puedo nombrar a cada uno aquí, ustedes son valorados.

**Estoy agradecida** por mis mentores que tomaron a una ingenua contadora y la transformaron en una escritora: Kathy Izard, Chad Allen, Jonathan Merritt, Margaret Feinberg, The Word Girls, el equipo de *The Joyful Life* y, aunque él nunca lo supo, Frederick Buechner.

**Me siento honrada** de poder considerar como mías a varias familias que nunca dejaron de creer, incluso cuando yo no podía: mi familia de lectores, mi familia de amigos, mi familia de la iglesia, mi familia con la que crecí y la familia con la que envejezco.

**Soy bendecida** por tener en mi círculo a una multitud de ángeles médicos:

- El Dr. Gary Neaville, quien cuidó de mi familia por décadas, y quien, incluso ya jubilado, sigue mi travesía de salud.
- El Dr. Christopher Simpson, quien fue el primero en creer que yo podía sobrevivir y tomó valientes medidas para mantenerme con vida.
- La enfermera especializada, Heather Rothrock-Heltemes, quien, desde el momento en que nos conocimos, me cuidó como lo haría una mejor amiga y me entregó tanto las peores y las mejores noticias de mi vida con genuina compasión.
- La Dra. Eileen Hsich, cuya habilidad y cuidado en cuanto a la cardiología primero me infundió esperanza, luego salvó mi vida y, al final, hizo posible este libro.
- El Dr. Khaldoun Tarakji, quien aceptó un caso arriesgado y luego se negó a darse por vencido conmigo en medio de una cirugía difícil.
- La ecografista Evelina Petrovets, quien se atrevió a conectar atención médica de clase mundial con la oración transformadora del mundo.
- Los enfermeros en clínicas, hospitales, cuidados intensivos, salas de urgencia y rehabilitación cardíaca, quienes, sin nombre, pero no sin rostro, me ayudaron a atravesar mis peores momentos.

**Estoy en deuda** con el departamento de cardiología del Hospital Mercy de Northwest Arkansas, la Cleveland Clinic de Cardiología, WomenHeart y la American Heart Association, quienes luchan todos los días no solo por mí, sino por la población mundial, para desbancar las enfermedades cardíacas como nuestra principal causa de muerte y convertir la insuficiencia cardíaca en una desviación en lugar de una sentencia de muerte.

**Estoy agradecida** por las mujeres de CrossRiver Media, Tamara Clymer, Debra Butterfield y DeeDee Lake, quienes vieron el potencial en mi trabajo para hacer una diferencia en la vida de otros en un camino que no eligieron.

# Acerca de la autora

Lori Ann Wood vive a la sombra de las montañas Ozark en la hermosa ciudad de Bentonville, Arkansas, con su esposo, el chico inocente al que persiguió desde el primer año del bachillerato hasta el programa de posgrado. Es mamá de tres jóvenes adultos que están cambiando el mundo, un yerno impresionante (todos viven demasiado lejos) y una perrita dachshund miniatura llamada Perla (quien amenaza con nunca irse). Su nueva obsesión es su nieta, Hazel.

Lori Ann es una Educadora Comunitaria Campeona de WomenHeart y Embajadora de la American Heart Association. También forma parte del equipo de contribuyentes de blogs para *The Joyful Life Magazine*. Además de recibir el Frederick Buechner Narrative Essay Award y premios de los Colorado Christian Writers y la Evangelical Press Association, su trabajo ha sido publicado en numerosos periódicos impresos, incluidos *The Christian Century Magazine*, *Just Between Us Magazine*, *The Joyful Life Magazine*, *Bella Grace Magazine*, *Heart Insight Magazine*, *Sweet to the Soul FAITH Magazine* y *Truly Magazine*. Sus artículos también han aparecido en sitios web como *The New York Times*, *Pepperdine University Press*, *Yahoo Lifestyle*, *MSN* y *NewsFlash*, así como en blogs como *Women | Faith & Story*, *Kindred Mom*, *WomenHeart* y *The Mighty*.

Pero Lori Ann no siempre ha sido escritora.

Una desviación en su vida reorganizó sus prioridades e hizo tambalear su fe.

En el año 2015, a pesar de gozar de una salud por lo demás impecable, Lori Ann estuvo a punto de morir a causa de una insuficiencia cardíaca de origen desconocido.

Habiendo descubierto esta condición crónica y progresiva casi demasiado tarde, Lori Ann ahora escribe para animar las preguntas difíciles de fe a lo largo de las desviaciones de la vida. Su pasión es conectar con los lectores y ayudarles a aferrarse a su fe al encontrarse en un camino que no eligieron.

Puedes obtener su guía gratuita para mantenerte cerca de Dios en tiempos difíciles en la página web: https://loriannwood.com.

# Answers, gifts, lessons love and promises...

## Abba's Devotion series

Available in bookstores and online retailers.

CrossRiver Media
www.crossrivermedia.com

"soul-searching"

"vulnerable"

# UNCOVER YOUR DIVINE DESIGN

*Who did God create you to be?*

"highly recommend it!"

Available in bookstores and from online retailers.

CrossRiver Media
www.crossrivermedia.com

Bold faith starts here.

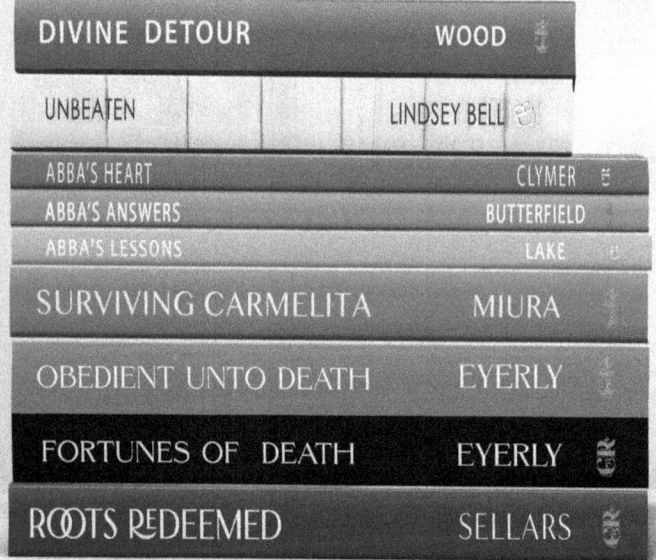

Available in bookstores and from online retailers.
CROSSRIVERMEDIA.COM

## Si disfrutaste este libro, ¿nos harías el favor de compartirlo con los demás?

* Por favor, menciona este libro en Facebook, Instagram, Pinterest o otra red social.

* Recomienda este libro a tu grupo pequeño, club de lectura o en tu lugar de trabajo.

* Visita Facebook.com/CrossRiverMedia, dale "Me gusta" a la página y publica un comentario sobre lo que más te gustó.

* Compra una copia para alguien que conozcas y que pueda sentirse desafiado o alentado por este mensaje.

* Escribe una reseña en tu plataforma favorita de libros electrónicos.

* Para enterarte de nuestras últimas novedades, suscríbete a nuestro boletín en CrossRiverMedia.com

www.ingramcontent.com/pod-product-compliance
Lightning Source LLC
Chambersburg PA
CBHW070140100426
42743CB00013B/2778